微言简语 的 情怀

编 著：张云林

主 审：邱小林 杨秀英

百花洲文艺出版社
BAIHUAZHOU LITERATURE AND ART PRESS

图书在版编目（CIP）数据

微言简语的情怀 / 张云林编著. –– 南昌：百花洲文艺出版社, 2019.11
ISBN 978–7–5500–3397–9

Ⅰ.①微… Ⅱ.①张… Ⅲ.①格言 – 汇编 – 中国 – 现代 Ⅳ.①H136.33

中国版本图书馆CIP数据核字（2019）第208415号

微言简语的情怀

张云林　编著

责任编辑	赵　霞　许　复
书籍设计	黄敏俊
制　　作	何　丹
出版发行	百花洲文艺出版社
社　　址	南昌市红谷滩新区世贸路898号博能中心一期A座20楼
邮　　编	330038
经　　销	全国新华书店
印　　刷	江西千叶彩印有限公司
开　　本	720mm×1000mm　1/16　印张　20.25
版　　次	2019年11月第1版第1次印刷
字　　数	260千字
书　　号	ISBN 978–7–5500–3397–9
定　　价	55.00元

赣版权登字　05–2019–249
邮购联系　0791–86895108
网址　http://www.bhzwy.com
图书若有印装错误，影响阅读，可向承印厂联系调换。

序　言

　　《微言简语的情怀》的作者张云林同志是我读中学时的学长，是大家公认的"校草"，他好学上进，思想敏锐，工作能力强，热情奔放，社会活动频繁，获得社会好评，是一个不可多得的优秀学生。

　　他十九岁那年被选为东北航空学院学员，走上了投笔从戎的道路。在空军部队服役二十六年，谱写了战斗青春的芳华，是一个不可多得的优秀军人。

　　一九八五年转业到地方从事教育工作，他凭着对教育的热爱和忠诚，在一个三无（无校址、无教师、无教材）状态下，办起了全国第一所民政学校，为国家培养了一万余名有着孺子牛精神的学生。

　　退休后他拒绝了几个单位的高薪聘请，毅然到南昌理工学院继续从事教育工作，他提倡"军魂育人"和"学生要学习社会文化科学知识，首先要学会做人"的教育理念。从教三十多年来，时刻牢记使命，不改初心。《微言简语的情怀》就是他在七十岁以后，对在校学生和毕业生及好友们用手机信息继续实施的短信交流学习，其中有不少是传承中华优秀文化，提倡读书学习，如何做人处事、修身养性的内容，还有他的创新思维

和一部分人生阅历，现在编辑成书与大家共享。我读了此书，受益匪浅，
是一本充满正能量的好书。

刘万涛

2019年5月20日

主审的话

　　我阅读了张云林同志即将出版的《微言简语的情怀》文稿后，我感慨万分。他在空军部队二十六年的军旅生涯中，最后七年是在福空教导团从事培养空军部队基层技术干部的教育教学工作。一九八五年转业到江西省民政厅，创办江西省民政学校并任党委书记十五年，退休时受聘到南昌理工学院工作了二十年，严格地说，张云林同志从教四十二年了。

　　他在南昌理工学院工作，前十二年他身兼数职，始终在教育教学教管的第一线工作，做了很多令人难忘的事情，为我们学校的建设和发展起到了有力的推动作用，他工作的拼搏和执着精神真令人敬佩！从张云林同志平时的言谈举止和所作所为中，他既是识人用人的伯乐，又是埋头读书学习的良师益友，更是不忘初心推动发展的中坚力量！

　　在南昌理工学院办学之初，他提出了"办学的发展观和科学观"的思路，主讲"创造思维"的新理论，倡导"军魂育人"的教育理念，写出"美丽神奇"的见证，归纳"七大办学特色"的论文；以后又提出构建"学生公平待遇"的见言，总结"校情校史"的讲稿，创建"短信微言"的教学平台，建立"坚持督学常态"的方案，"传承优秀国学文化"的宣讲等。所有这些，无不展现他是一位崇教、爱教的实干者。

张云林同志在南昌理工学院工作二十年的实际表现和进行的理论思考的文章，给师生群众留下了深刻的记忆！他的表现和言行，真实地兑现了过去朱虹副省长视察我校讲评中的一句话："教师越老越值钱"。特别是他在繁忙的工作之余，真实记录了南昌理工学院二十年创业发展的历程，写出了近300万字的出版的六本书，展示了张云林同志对南昌理工学院的真实热爱和全身心的投入，表现出一位老军人、老教育工作者对教育事业的忠诚与执着，很值得大家学习和践行。

主审：邱小林

2019年5月20日

前 言

　　《微言简语的情怀》是通过现代手机发送的方式，传递一名老教育工作者对学院的教工团队、当年新入学的大学生、在校读书学习的老生及已经毕业在社会上创业打拼的校友的一种师生教育情谊，也是一种教育的新方式。其传播的内容有下列十种文化内涵：

　　1.宣传南理的教学理念、特色、成果、亮点；

　　2.宣传南理的发展远景及形成的校园文化；

　　3.宣传南理校训"科学、务实、厚德、创新"之内涵；

　　4.宣传南理发展过程中所创造的美丽神奇之新走向；

　　5.宣传报导专家、学者、领导对学校的评价；

　　6.宣传南理创办者的人格魅力及做人做事的品行；

　　7.宣传我国优秀国学文化传统及现代先进文化思想；

　　8.宣传现代条件下为人处世的先进理念、方法及要求；

　　9.宣传重视读书学习给人带来的美好前景；

　　10.宣传和倡导在校大学生及毕业生的素质教育与继续教育。

　　利用现代信息工具开展新生入学教育，为校园思政人员提供文化资料与优秀文化格言，开展在校老生与毕业生通过校友会平台进行人文继续教育，是现代大学教育的一种新思维新模式。文化是校园的基石，是校园和谐的音符；文化是师生的精神食粮；文化是校园和社会发展的动力；文化是教育强国的真正实力；文化是培养合格人才的孵化器；文化是一切事业的软实力。

我是南昌理工学院创造美丽神奇的见证者、参与者、执着的抗争者。从2009年开始我又成了由政府机关下文批准的南昌理工学院校友总会的执行会长，有责任有义务有使命运用手机信息平台，让已经毕业走上工作岗位的老校友有一个文化联络平台、人脉平台、教育平台、爱校平台、创业平台、发展平台。使已经毕业的同学离校不离心、文化不断线。及时搞好每年新校友的校史校情入学教育，让他们多方位地掌握祖国的优秀文化和校园的多彩文化以及所形成的办学特色与发展远景；激励他们全身心地投入新的学习环境，使每一位新生进入大学校园后迈好人生的第一步，让每一位大学生成为人中俊杰做出我的贡献，这也是我对教育事业的责任。

我的做法是：每天晚上睡觉前，大概是晚9：00—11：00根据平时看书学习和自己五十多年工作、生活所积累的文化知识，修身养性的真实感受，以及对读书学习意义的认知，构思短信内容，创作诗词，记录在日记本上，编辑到手机发件箱，后来以短信的形式，到第二天早晨6：00—7：00分三组群发给在校的新生代表、老生代表、院系思政干部及机关工作人员，以及已经毕业的各省校友分会负责人，还有我终生好友中的代表人物，和与我有往来的教育界同仁和学生家长们！并且还发给愿意与我交流的社会各界好友。另外我还记录发回给我的部分信息。这就是我这样做的真实初心。现在编辑成书，供好友们参阅。

编者

2019年5月27日

南理人才赋

文化是创业之魂，人才是发展之基，学习是强校之本。

井冈巍巍，赣江滔滔。军旗飘扬，鄱湖浩荡。学府南理，传承航天。至立夸赞美丽，含神奇之特色。朱虹点赞四好，乃办学之基因。历二十之春秋，展精英之风流。小林秀英海涵，选登教坛务民。教育强国，人才为本。广纳社会贤才，造就一代名校。声播洪州，名动中华。胸怀远见，成就未来！

仲才领军，精准掌舵。云林常务，实干兴校。

岳雄军才，执教国防。克昌名师，严管教学。

贤瑜校长，励群谆谆。桂林后勤，保障为天。

文波招生，历尽艰辛。苑陈二博，科研率先。

春麟迎宾，善于联通。富庆加盟，广开新途。

工会主席，良金主管。绍森督导，维稳有招。

克强制胜，渡过险滩。子光执教，荣我校园。

傅姚接力，定有奇章。正根叶茂，方可兴业。

修延接舵，举旗再战。敬飞评估，专职重任。

大冶学光，精管学工。胡军接任，服务师生。

分院团队，大师摆阵。机关高手，履职真诚。

群星汇集，各有奉献。精诚抱团，一流领军。

九九申报，荣登教坛。军魂育人，知识创新。感文化之兴国，领民教之先河。三年励精，升格大专。校园和谐，人气兴旺。承教改之热望，担民族之殷忧。五年图治，师生携手。叹投入之巨大，创十大之特色。雄鸡一鸣，春潮浪涌。西湖佳音，鄱湖陶醉。不忘当年，拜访专家。遍游几省之真诚，感动心肺之深层。庆升本之成功，喜桃李之丰收。评定学位，零捌获批。登本科之泰山，载学位之皇冠。七大超越，抱负常存，载硕博之瑰宝，创大学之永恒。

忆往昔，岁月稠；看今朝，更上一层楼！

观今日之学府，英雄在目，四园归一。有绿草之茵茵，扬孔孟之文明。生态校园，美不胜收。春天万象更新，荷塘花香。夏至樟树浓郁，几多清凉。秋则和风送爽，丹桂醉人。冬有暖阳弥漫，春气荡漾。朝迎彩云出楼，鸟语昂扬。夕观灯光交辉，红霞唱晚。更有饱学者，指点江山，激情讲堂之内。莘莘学子，求知若渴，仰望星空，放眼宇宙之大。三万后生，书声琅琅。军旗军威，雄风犹在，八一精神永存。青春激荡，知识学海，迎时代之新潮。发展底蕴，不忘初心，展军魂之气魄。科技领军，书职教之新篇。厚德执教，写报国之华章。

啊！四海五湖，万方才俊汇斯地。虎驻龙盘，打造圣殿育新人。二十万校友，实干圆美梦。富民智为首，强国教为先。厚望晚辈，俯首为牛；抱朴守静，正心树人。情智二商，奉献学子。教育无限，扬我校魂；精益求精，忠贞为民。航天科教，启我民智。求学爱国，兴我中华。

2019年4月19日

诉衷情

九九同心创航天，

抱团意志坚！

如今南理屹立，

前途真壮观。

硕博梦，

在追寻，

要齐心；

创业之辈，

宏图夙愿，

举旗奋进！

目　录

教育无限表真诚
短信传递师生情

2011年9月16日至2015年12月31日发出的短信

1

转抄毛泽东青年求学时的诗：

孩儿立志出乡关，学不成名誓不还。

埋骨何须桑梓地，人生无处不青山。

2

苦斗是成功之本，创新是发展之路，奉献是人格之美。

学会生存，学会做人，学会学习，学会创新。

3

读书是不变的主题，学习是永恒的追求。

4

读书者高尚，劳动者富有，

守法者不败，积德者辉煌。

5

学者因书而尊，智者因书而高，

贫者因书而富，富者因书而贵。

6

选择了勤勉与奋斗，就选择了希望与收获，

选择了纪律与约束，就选择了理智与自由，

选择了吃苦与艰难，就选择了练达与成熟。

选择了拼搏与超越，就选择了成功与辉煌。

7

激情与生命同在，青春与岁月同步，

创造与事业同行，胜利与意志同辉。

8

百川东到海，何时复西归？

少壮不努力，老大徒伤悲。

9

忠心献给祖国，爱心献给社会，

恭心献给自然，关心献给他人，

孝心献给父母，信心献给自己。

10

有着绅士的浪漫与高洁，

有着国士的责任与豪情，

有着战士的激情与壮志，

有着诗人的妙笔与奇想，

有着农民的淳朴与真诚，

有着孩童的天真与个性。

11

年轻大学生：

非学难以成才，非学难以明理，非学难以明德。

做到：真理的探索者，善良的示范者，美好的传播者。

12

人生有两个朋友：一是良师，二是益友；

生活有两样食品：一是吃苦，二是吃亏；

做人有两个习惯：一是读书，二是劳动；

人生有两个秘诀：成功在诚信，辉煌在抗争。

13

精于观察，善于思考，勤于学问，

苦于实践，乐于奉献，和于共事。

14

千万要强化求实意识，千万要树立自立意识，

千万要养成吃苦意识，千万要培养协作意识，

千万要确立发展意识，千万要开拓创新意识，

千万要激发拼搏意识，千万要心怀感恩意识。

15

读万卷书，行万里路，吃万种苦。

结万般友，创万行业，揽万方春。

16

超强度的学习，超时空的思维，

超负荷的读书，超常规的创新。

17

懂得追求，懂得放弃，懂得尊重。

懂得宽容，懂得学习，懂得感恩。

18

越走越远的总是岁月，越走越近的总是朋友，

越来越淡的总是名利，越来越浓的总是学习。

19

疑难能自决，是非能自辨，

斗争能自奋，攻关能自勉。

20

人品七为：

大公无私为圣人，公而忘私为贤人，先公后私为善人，

先人后己为良人，公私兼顾为常人，自高自大为蠢人，

损公肥己为罪人。

21

把吃苦当财富，把学习当享受，把人生当使命，

把岗位当职责，把朋友当良师，把成功当起步。

22

吃苦是硬功夫，社交是真本事，学习才能竞风流．

23

永远的是学习，不变的是追求。

24

把握新的起点，抓住新的机遇，

谋求新的学习，创造新的人生。

25

学习别怕苦，终会得幸福，

学习别怕累，累中有快乐，

学习别怕烦，知识最光彩；

做人别太奸，都有一片天，

做人别贪心，你的总会来，

做人别滥情，爱情要真诚。

26

白云从不向天空承诺去留，却朝夕相处；

星星从不向黑暗许诺光明，却尽力闪烁；

地球从不向太阳表白忠诚，却为其旋转；

战士从不向祖国追求索取，却只讲奉献；

青年从不向困难表示畏惧，却只讲勤奋。

27

读书是不变的主题，学习是永恒的追求，

实践是创新的摇篮，奉献是成功的辉煌。

28

人生是一本书，

青春是最美丽的一页；

人生是一次旅行，

青春是最美的一道风景；

人生是一台戏，

青春是最精彩的一幕。

青春如一方沃土，

只要你肯播种，

就会收获一份希望。

青春有如清晨的一颗甘露，

晶莹而又闪亮，

滋养着你多姿的情感，

青春有如一簇待放的山花，

当微风拂过后，

便会牵出烂漫的年华。

青春啊，

你是琴键上跳动的音符，

你是战场上的号角，

我要用青春的热血，

去描绘生命的彩虹。

29

当代大学生：

要有刻苦学习超常规进取的决心，

要有组织学生社团攻难克艰的胆识，

要有进行科学思维善于巧干的灵感，

要有立足当前放眼未来的远见，

要有埋头科研报效祖国的忠诚，

要有运筹帷幄决胜千里的智慧，

要有不忘父母感恩图报的孝心，

要有尊师爱友和谐共进的情商。

30

宽容是一种美德，

糊涂是一种智慧，

向前看可以产生一种激情，

向后看可以留下一份珍惜。

31

心不妄念，身不妄动，口不妄言，君子所以存诚；

内不欺己，外不黩人，上不欺天，君子所以慎独；

无愧父母，无愧兄妹，无愧夫妻，君子所以宜家；

不负国家，不负人民，不负老师，君子所以处世。

32

感恩国家，感恩父母，感恩老师，君子所以成人；

感恩朋友，感恩同事，感恩对手，君子所以成才；

感恩大地，感恩河流，感恩空气，君子所以活命；

感恩历史，感恩现实，感恩未来，君子所以博学。

33

无情岁月去如流，一过青春便白头，

抓紧时间勤学习，报国之志在千秋。

34

　　各位新生，十一长假快到，在假期中我认为最重要的是买几本书看，要达到平均每个月看完一本课外书籍，一年最少要阅读12本书，牢记开卷有益，人从书里乖。

35

年轻大学生要做：

真理的探索者，善良的示范者，

美好的传播者，科技的创新者。

36

该干的是职责，多干的是美德，

想干的是觉悟，巧干的是智慧。

37

不谋万世者，不足谋一时，

不谋全局者，不足谋一域。

38

大学生要有艺术的思维和素质：

艺术超越一生，艺术感动一生，

艺术描绘人生，艺术创造人生。

39

大学生应有"三士"精神：

绅士：文化素质高，思想品质好，工作能力强；

国士：具有民族责任感，国家使命感，社会和谐感，

战士：激情满胸怀，奋斗无止境，无私讲奉献。

40

有文化穷不久，有文化大于天，

无文化富不长，无文化最可悲。

41

现代大学生要把自己打造成为：

军中骄子，创业精英，政坛新秀，

社会贤达，教育旗手，道德楷模。

42

酸甜苦辣都是营养，吃苦失败也是财富；

自私懒惰永远找不到幸福，奉献勤奋是人生最大快乐。

43

大学生的六大修养：

勤劳品质的修养，政治激情的修养，人文素质的修养，

创新能力的修养，宽容胸怀的修养，奉献精神的修养。

44

谁想收获知识，唯有读书；

谁想收获理想，唯有追求；

谁想收获成功，唯有拼搏；

谁想收获完美，唯有博学；

谁想收获爱情，唯有真诚。

45

错过日出的美景，可以等待，

错过流星的壮观，可以期待；

错过学习的机会，无法挽救，

错过青春的时光，无法再来，

错过人生的升华，无法轮回。

46

宽其心容天下之物，平其心论天下之理，

虚其心行天下之善，潜其心观天下之事，

安其心学天下之文，定其心应天下之变。

47

低调做人箴言：

才高不自诩，位高不自傲；

圣者无名，大德无形；

鹰立如睡，虎行似病；

贵而不显，华而不炫；

韬光养晦，深藏不露；

稻穗头越低，果实越丰硕；

路径窄处，留一步让人行；

别人出错，不可落井下石；

名山若隐，灵水微澜；

地低成海，人低成王。

48

校园美景

求学入南理，真感父母恩；

五湖四海友，语言面貌新；

一同搞军训，为国苦练兵；

校园有长廊，避雨又遮阳；

山中听鸟语，潭影映人心；

曲径通幽处，总有读书声。

49

老师的期盼

校园新生中的美士们，期盼你们做一个明媚的女子，不倾国、不倾城，以优雅姿态去摸爬滚打！将自己锻炼成为新时代能文能武的巾帼英雄。

校园新生中的绅士们，厚望你们做一个丰盈的男子，不虚化、不浮躁，以先锋气势去奋斗拼搏！将自己打造成为我国当代文武兼备的中华天骄。

50

入学感言

当我背着行李跨入南理校园的时候，

军魂育人的盛况给了我太多的兴奋；

此情此景揭开了我童年记忆的序幕，

激昂的意境勾起了我难舍的思念；

闻着自己手上还残留乡间的泥土味，

脑海中还挂满家乡池塘边嬉戏的笑容；

教室里回旋着老师语重心长的教诲，

出门时与爷爷奶奶惜别难忍的热泪。

一个脱缰的野马把激情带进了大学校园，

可沉思一下我总不能用天真度过一生；

我们每个人都有一个必须回答的问题，

明天你拿什么真实本领去竞争？

勤劳苦练精心提升自己的综合素质，

打造成为德能兼备的时代精英，

这是首选。

让祖国精彩让民族骄傲让父母豪迈，这才是一名大学生的感恩和回报。

51

人间正道

德是黑暗中的烛光，

德是雷雨中的拥抱；

智是荒漠中的绿茵，

智是生命中的崇高；

勤是生活中的富有，

勤是自立中的关键；

书是人生中的宝库，

书是创业中的航标；

权是社会中的责任，

权是管理中的服务；

钱是劳动中的回报，

钱是贪恋中的罪恶。

52

读书的价值

读书学习，可以安抚一个孤独的灵魂，丰富你的人生知识和情感；

读书学习，你我会将古今多少付诸笑谈中，增添你的人格风度和魅力；

读书学习，一定会因知识的积累而提升你的能力，从此你的财富也因此增值；

读书学习，将使你的家庭文化得到升华，成为真正意义上的名门望族和书香门弟。

53

师生共勉

人生的最大战略是学习，

青春的最大激情是创新，

做人的最大追求是真理。

请你看护好你应有的激情、信心和理念，你一定要站到崇拜真理、追求理想、人格高尚的队伍中来，这才是当代大学生的真正品行。

54

军训的意义

新生军训的核心思想和要达到的政治目的，也就是我校创建的军魂育人的社会价值理念：

> 爱国忠党，服务人民；
>
> 军民一致，政治为先；
>
> 艰苦奋斗，攻难克艰；
>
> 团结紧张，纪律严明；
>
> 勤奋学习，一往无前；
>
> 高唱战歌，壮我一生。

55

我的选择

骏马选择草原，雄鹰选择蓝天；

鲸鲨选择大洋，藏獒选择高原；

精英选择校园，战士选择军营；

仁者选择书海，圣者选择勤奋；

智者选择希望，勇者选择辉煌。

56

人从书里乖

读书多，见识广，兴趣浓，理念新，

站得高，看得远，能力强，事业旺。

书本就是智慧，

知识就是黄金，

文化就是实力，

创新就是发展。

57

学者与国王

会读书学习之人才是真正的伟人，学者比国王更伟大。

激情与生命同在，

青春与岁月同步，

创造与困难同行，

学习与成功同辉。

58

神奇中的特色

南昌理工学院办学十三年，已经毕业的学生近十万名，在过去的4745个日月里，全体师生的共同努力，创造了七大特色。我院被教育部原部长陈至立同志称赞"美丽神奇，很有特色"。以下是南理七大办学特色，并被《中国高等教育》杂志刊登：

以人格聚人才

以名师铸校魂

以科研促发展

以市场选学科

以职教创品牌

以军魂育人才

以党建保稳定

59

轻装上阵

当你漫步在南理校园的时候，

可能有很多梦幻缠绕着你！

中学时代的奇思妙想当然要珍惜，

家庭亲友的期盼与愿望一定要牢记；

自己头脑中的幼稚思维要重新审视，

社会现实中的种种诱惑要特别警示；

那些脱离现实的东西千万不可固守，

站在新的起点上一定要毫不犹豫地放弃。

聪明的大学生应该理智地想一想，

天真的梦幻离现实有很大的距离；

文明的社会总是以它固有的规则运行，

务实求真才是一切事物的本性；

天真幼稚时的某些幻想总要回归现实，

万万不可把自己的人生引入迷境；

倘若对此放不掉想不开你的心灵就显得太累，

即将开始的繁重学习一定会难以完成；

大学时期你若不能轻装上阵，

心理负担一定会成为你完成学业的阻力；

放下一切无用的梦幻吧！

专业学习是我们每个新入学同学的唯一选择。

60

宁静致远

古代圣贤用他们的亲身历练，

总结出对后人有意义的道德理念；

孔夫子向弟子们讲述的传世《论语》，

告诉人们以仁爱的心灵去获得快乐的安宁；

当你步入惊心动魄的竞争环境，

千万不可改变自己心境中的宁静；

急躁心理一定会阻到你求学的决心，

无论困难重重都不能把学习放弃；

当你经济收入出现短缺的时候，

要安于贫困不可窃取不义的财物，

一旦你在群体中出现人脉危机，

也不可谄媚示弱，更不能屈身求人；

如若情感引发对别人产生伤害的动机，

一定要当机立断斩去这种罪恶的心理。

没有文化支撑的人格境界一定是一种悲哀，

保持内心的清亮高雅才是人生的欢乐；

我们不但要有一双明察外界事物的眼睛，

更要有一双细察自己心灵的慧眼；

主导人生美好的途径与自己内心相连，

宁静致远才是我们每个人的首选。

61

好书多阅读

好书描绘美景，阅读给你乐趣；

好书送你余香，阅读增添才华；

好书提升境界，阅读培养德性；

好书武装人格，阅读悟出新意；

好书点亮智慧，阅读陪你成长。

62

人生哲理

改造社会与改造自己一致，

创造价值与奉献价值一致，

读万卷书与行万里路一致，

热爱家庭与忠于祖国一致，

关心自己与关心他人一致。

63

读书的神奇

书中自有黄金屋，读书可以给你带来物质财富；

书中自有颜如玉，读书可以健康美容你的身体。

学者因书而美，

智者因书而高，

贫者因书而富，

富者因书而贵。

64

学习的美景

非学难以知理，非学难以明德，

非学难以成才，非学难以报国。

读书是不变的主题，

学习是永恒的追求。

通过读书学习成为真理的探索者，善良的示范者，祖国的建设者，美好的传播者。

65

向先进学习

要向我们南昌理工学院的创建者、主办者邱小林教授学习，他是全国"五一劳动奖章"获得者、全国劳动模范、全国先进工作者、全国民办学校杰出教育家。我们要以邱小林同志为榜样，把自己打造成为一名有着如下品质的人：

政治家的远见，

军事家的胆识，

企业家的灵感，

科学家的执着，

教育家的忠诚，

慈善家的爱心。

使自己未来成为一名：

勤奋的学者，军中的骄子，

创业的精英，政界的新星，

教坛的旗手，社会的贤达。

66

我的追求

好学是成功之本，创新是发展之路，

助人是人脉之源，奉献是人格之美。

读书者高尚，

劳动者富有，

守法者不败，

积德者辉煌。

67

学习报国

爱为心，忠为骨，善为行，高雅为人君，

技在手，能在身，智在脑。从容做公民。

五千年历史，不外携手抱团兴邦，

九万里山川，彰显中华优秀文明，

新一代天骄，勿忘读书学习报国。

牢记屈辱历史，长存爱国之志，方能傲立世界民族之林。

68

激活壮志

在物质繁荣的当今社会条件下，年轻的大学生们千万不可安身于利，听命于势，不明道德是非，不懂人生意义，做一个精神贫困的人。你们这一代青年大学生就是我国二三十年后各条战线的掌门人，一定要有：

怀抱振兴中华的理想，

守望传统道德的良知，

心怀改造社会的壮志，

坚守公道正义的品德，

善于安身立命的本领，

把握洁身自好的斯文，

展示天之骄子的丰盈。

69

感悟人生

容易走的路往往是下坡路；

失败却不失去信心和热情就是成功的过程；

简单的事重复去做，你就一定能成为胜家；

重复的事你用心去做，你就一定能成为赢家；

不懂的事能不耻下问，你一定是一位合格的专家。

这就是人生的哲理。

70

六常立身

常读圣贤之书，

常唱激情之歌，

常念朋友之谊，

常怀助人之心，

常感父母之恩，

常立报国之志。

71

八对为要

对自己要约束，对别人要宽容；

对物质要俭朴，对同事要舍得：

对自然要保护，对社会要和谐；

对信仰要崇敬，对法律要敬畏。

72

理想与辉煌

没有理想就没有追求，

没有追求就没有学习，

没有学习就没有智慧，

没有智慧就没有创造，

没有创造就没有发展，

没有发展就没有辉煌。

73

师道尊严

老师是优秀文化的传承者，

老师是科技知识的掌门人，

老师是青年学生的领跑者，

老师是祖国希望的播种人，

老师是民族振兴的执旗手，

老师是人类灵魂的工程师。

74

读书学习竞风流

律己足以服人，

量宽足以待人，

勤俭足以感人，

身先足以带人。

读书是硬功夫，

学习是真本事，

知识创新才能竞风流。

75

人生十大境界

读书的最高境界是勤奋，

学习的最高境界是运用，

做人的最高境界是奉献，

生活的最高境界是快乐，

人生的最高境界是宁静，

交友的最高境界是宽容，

爱情的最高境界是真诚，

治家的最高境界是孝顺，

工作的最高境界是敬业，

爱国的最高境界是忠诚。

76

读校训有感

科学发展智为先，

务实为本勤作基，

厚德载物真美丽，

创新方能显神奇。

77

学习我国四大名著

领悟《红楼梦》中的情

《红楼梦》的核心思想凸显一个"情"字。书中众多人物曾经追情洒下多少欢声笑语。然而往事成空，世事沉沦，春秋几度，无言悲伤，人间残梦，空余红楼。在封建社会解体的变革中，这是封建贵族家庭的一种梦幻和必然的结局。（悟梦）

78

认识《水浒传》中的义

《水浒传》的核心思想表现出一个"义"字。此乃八百里梁山，曾经的世外桃源，可算八方共域，异姓一家，崇尚宗义，嫉恶如仇，但属侠肝义胆，江湖义气，无政治理想，缺少大义为民，尽管传奇如梦，终无作为而被当时朝廷收编。（品义）

79

感知《三国演义》中的智

《三国演义》的核心思想凝聚一个"智"字。滚滚长江东逝水，浪花淘尽英雄智，桃园结义，卧龙拜孔，强天伟业，三国鼎立，风云变幻，思其归根，均来自书函文化的博弈，一旦退化，青山依旧，几度夕阳，正是三国归晋而告终。（学智）

80

学习《西游记》中的勇

《西游记》的核心思想彰显一个"勇"字。师徒四人跨国西游，为取佛教真经，历经九九八十一难，验证炎黄子孙的智勇，信仰既定，决心已下，目标明确，何惧妖魔，豪情壮志，一往无前，迎日送霞，踏平坎坷，斗罢艰险，勇者必胜，中华永存。（信勇）

81

赞我南理学院

南理品牌九州驰，

中华大地尽人知；

大师云集铸校魂，

独秀洪城翰墨池；

军魂育人创特色，

古今融合存新意；

思贤台上忆孔孟，

教育报国永不移。

82

人生六大选择

选择读书就是选择富贵，

选择学习就是选择进步，

选择劳动就是选择光荣，

选择诚信就是选择成功，

选择自律就是选择胜利，

选择奉献就是选择伟大。

83

儒家文化精典

积极有为，仁义为本，修身齐家，

独善其身，排除浮躁，宁静致远，

学习养性，有教无类，正人君子，

己所不欲，勿施于人，治国安邦。

坚守执着能平天下的奋斗精神。

84

道家文化精典

超脱旷达，和谐为本，尊重自然，

动静有度，道德法则，科学发展

包容万物，真诚做人，平等处事，

坚守个性，崇尚自然，无为而治。

推崇顺其自然而不失德性的思想境界。

85

佛家文化精典

律己修身，慈善为本，百忍谦和，

去掉烦恼，积德修福，与世无争，

知足常乐，抚慰心灵，懂得感恩，

去恶从善，克己助人，普渡众生。

倡导善得才算完美的悲悯情怀。

86

人品之源

道生于静逸，大道若谦，

德出于谦和，大憾若善，

慈源于博爱，大智若愚，

善起于感恩，大勇若和。

福得于淡泊，

乐基于健康。

87

做人要十度修善

胸怀要大度，说话要适度，

工作要力度，事业要进度，

家庭要温度，读书要厚度，

思考要深度，视野要宽度，

眼光要远度，境界要高度。

88

六为启示

大公无私为圣人，

公而忘私为贤人，

先公后私为善人，

先人后己为良人，

公私兼顾为常人，

损公肥私为罪人。

89

年轻与年老

你有信仰就年轻，怀疑一切就年老；

你有自信就年轻，充满畏惧就年老；

你有希望就年轻，甘愿绝望就年老；

你能学习就年轻，放弃读书就年老；

你能思维就年轻，停止动脑就年老；

你能运动就年轻，出现懒散就年老。

岁月刻蚀的不过是你的皮肤，但如果你失去了热忱，你的灵魂就永远不再年轻。

90

人才的内涵

大公无私为精英领军人才；

公而忘私为杰出奉献人才；

先公后私为管理挂帅人才；

先人后己为争先创优人才；

公私兼顾为平常合格人才；

先己后人为自私少德人才；

损公肥私为犯罪作恶人才。

91

寒露感怀

岁月酿好酒，年轮积善缘；

刚现中秋月，又尝寒露景；

人间忠义浓，难忘父母恩；

矢志铭永远，心系报国情。

92

能力的展示

以身作则，堪称榜样；

帮助同事，无私奉献；

示范他人，为人师表；

建立规则，打造团队；

商海激励，思维超前；

全面统筹，科学决策；

运筹帷幄，决胜千里；

机制励人，文化凝人；

组织制胜，天长地久。

93

双节的祝福

岁月是美好的，生命是高尚的；

读书是永恒的，智慧是无穷的；

奋斗是成功的，追求是美好的；

事业是壮美的，生活是甜蜜的。

94

一个伟大的日子

一九四九年十月一日下午三时，二十八发礼炮的巨响，宣告一段屈辱的历史结束，毛泽东在天安门城楼上宣告："中华人民共和国成立了！"一个自强不息的新纪元启航了，帝国主义分割中国的梦想破灭了，中国特色社会主义诞生了！一个伟大的日子产生了一个伟大的时代！一个伟大的日子诞生了一个伟大的新中国！

95

强者与弱者

知足是富人，平常是高人，

学习是贵人，敬业是实人，

自强是超人，创新是伟人。

强者面前都是路，

弱者面前全是山。

学者面前有阳光，

愚者面前全黑暗，

96

为人八到位

勤于学习到位，细于观察到位，

善于思考到位，精于创新到位，

诚于自省到位，甘于守法到位，

和于共事到位，乐于助人到位。

97

坚守愚与谦

识不足则多虑，友不足则多孤，

学不足则多乱，威不足则多怒，

文不足则多野，信不足则多言。

聪明睿智，守之以愚，

道德隆重，守之以谦。

98

寻找不累

微笑不累，生气才累；

高兴不累，恼怒才累；

相爱不累，滥情才累；

纳友不累，树敌才累；

无私不累，自私才累；

善待不累，计较才累；

分享不累，独占才累；

单纯不累，复杂才累。

99

世间五不能

世间诸事，能为不为，不能为的而为之，都是不智之举。

1.揭弊而不能揭短

揭人之短，伤人的前途，坏人的名誉，这不是两全其美之举。

2.整装而不能整人

整人的人自以为得意，一定会有因果相报，其后悔莫及。

3.轻松而不能轻浮

轻浮的举动是对人的不尊重，轻浮其实就是一种放荡。

4.自信而不能自满

因为自满容易傲慢，自满自傲的人容易招致失败。

5.随缘而不能随便

随便就是任意引动，随便的后果必然是不便，会引出麻烦。

100

酒虽乾坤大，

杯中日月明；

读书求进步，

不忘父母恩。

101

人生之荐

年轻时看得远，

中年时看得透，

老年时看得淡。

最天真的人，有时是最高明的人。

102

五气与六无

人生在世：少生气，图和气，走得正气，活得大气，自然会有灵气。

做人应该：诚无海，恕无怨，和无仇，忍无辱，学无忧，勤无愁。

天堂气候好，

地狱伙伴多。

103

十月十日的祝福

一加九等于十，祝你一路福星，九转功成；

二加八等于十，祝你两全其美，八面威风；

三加七等于十，祝你三阳开泰，七巧玲珑；

四加六等于十，祝你四通八达，六六大顺；

五加五等于十，祝你五彩缤纷，五福临门；

十月十日十全十美，在这难得的日子里，祝你十全十美。

104

一棵树的哲学

树大招风，告诉我们要低调做人；

玉树临风，暗示我们人的形象很重要；

枯树开花，启示我们不要放弃追求；

树静风不止，明示我们凡事难以求全；

独树一帜，提醒我们创新才有生命力。

青年时要修养，中年时要发光，老年时要淡定。

105

人才辈出

不学无术出闲人，敢于拼搏出能人，

忠诚为民出巨人，互联网络出雷人，

为官不正出贪人，奉献社会出达人，

勤奋学习出名人，知识创新出伟人。

106

为人八则

人无道则无以立身，

人无德则无以处世，

人无忠则无以报国，

人无孝则无以治家，

人无仁则无以延寿，

人无义则无以交友，

人无诚则无以率众，

人无信则无以创业。

107

自己凭什么

有气魄而又有气量，才会气壮山河；

有气量而又有气度，才会气宇轩昂；

有气度而又有气节，才会气贯长虹。

古之立大志者，不唯有超世之才，亦必有坚韧不拔之志！

108

实践有魄力

走在原野，才能饱尝自然的美景；

盈入江河，才能感知水下的温柔；

采摘硕果，才能品尝秋天的味道；

走过寒冬，才能预感春天的温暖。

只有走过人生旅途，才能感知生命的价值。

天堂真美好，人间伙伴多。

109

检验素质

在你处在心浮气躁时，要看你的涵养水平；

在你处在众声喧哗时，要看你的理性能力；

在你处在人微言轻时，要看你的慈悲情怀；

在你处在观点相左时，要看你的和谐意识；

在你处在大难临头时，要看你的真爱深度；

愚者一切求他人，智者一切求自己。

110

七心无烦心

以平常心看世界，以欢喜心过生活，

以关爱心对别人，以进取心干工作，

以勤奋心做学问，以爱国心做公民，

以孝敬心爱老人。

政从正来，智从学来，

财从信来，位从德来。

111

追求来自信心

人生无须后悔，逝去的事就像一阵风；

人生无须遗憾，到来的终究还是要来；

人生无须懊恼，愁白的头发难以再黑；

人生无须哀叹，丧失自信将失去一切。

低头不是认输，是要看清自己走的路，

仰头不是骄傲，是要看清自己的天空。

112

时间宝贵

聪明者，利用时间；愚蠢者，等待时间。

劳动者，积累时间；懒惰者，丧失时间。

有志者，赢得时间；无为者，放弃时间。

求知者，抓紧时间；闲聊者，消磨时间。

勤奋者，珍惜时间；自满者，藐视时间。

科学者，创造时间；糊涂者，糟蹋时间。

梅花雪中燃，珊瑚海底月。

113

四学人生

学会放心的人能找到自由，

学会遗忘的人能找到轻松，

学会关心的人能找到朋友，

学会读书的人能找到前途。

奋斗不停步，早晚有出路；

受挫不低头，甩开烦与愁；

迎着朝阳走，成功不难求；

开心总会存，生活乐悠悠。

114

战胜自己

见己不是，万善之门；

见人不是，诸恶之根；

于己不律，势必越轨；

于己不学，一定愚昧。

战胜别人容易，战胜自己很难。

115

人生格言

学习无限好，勤奋真英豪；

无私人格美，奉献价更高。

激情与生命同在，

青春与岁月同步。

116

重阳感怀

心若住于惰，必为惰所困；

心若住于名，必为名所乏；

心若住于财，必为财所累；

心若住于权，必为权所害；

心若住于欲，必为欲所毒。

无形无我，忠孝人生。

117

读懂三为三因

感情的交流，以公理正义为原则；

语言的沟通，以体谅包容为雅量；

朋友的相处，以不违情理为自然。

花妩媚，是因为蝴蝶的追随；

梦沉醉，是因为月色的点缀；

情珍贵，是因为彼此的真诚。

118

读书毕此生

心读书而悟，神读书而清；

疑读书而辨，虚读书而莹；

饥读书而饱，困读书而醒；

愠读书而喜，愤读书而平。

万般皆下品，唯有读书高！

119

上帝也怕你

你是你的敌人，只有你才能打倒你；

你是你的上帝，只有你才能拯救你。

吃亏上当不是别人太狡猾，

而是你自己太自私贪心。

120

最美的笑容

有素养的人，在被别人误解时能微微一笑；

很大度的人，在受委屈时他能非常坦然一笑；

真豁达的人，在吃亏了时也能够开开心心一笑；

有境界的人，在无奈时也能达观地一笑；

真大气的人，在危难的时候也能泰然地一笑；

很自然的人，在被轻蔑时也能平静地一笑；

真洒脱的人，在失恋时他也会轻轻一笑。

又是新的一天，笑口常开，

给自己一个微笑，给生活一个微笑。

121

成功有九商

人生之根就是：心商，德商，志商；

人生之干就是：书商，情商，悟商；

人生之果就是：财商，智商，健商。

出门走好路，开口说好话，动手做好事。

122

十宜无忧

骨宜刚，气宜柔，志宜大，学宜勤，

胆宜壮，心宜诚，言宜实，慧宜增，

虚宜远，福宜惜。

善宜则忧，奇迹是执着者创造出来的。

123

三心二意好

对前途有信心，抓学习有恒心，遇困难有决心；

对工作有创意，干事业很乐意。

每个人都有潜在的能量，只是很容易被懒惰所掩盖，被虚幻所迷离，被歪理所误导，被贪欲所消磨。

124

感知源于自己

自己丰富，才能感知世界的多彩；

自己善良，才能感知社会的美好；

自己坦荡，才能感知人间的和谐；

自己好学，才能感知文化的博大；

自己勤劳，才能感知丰收的喜悦。

谦卑之人，才有慈悲爱民之心。

125

从零做起

有计划没有行动等于零，有理论没有实践等于零；

有机会没有抓住等于零，有知识没有创新等于零；

有目标没有胆量等于零，有原则没有坚持等于零；

有能力没有发挥等于零，有价值没有体现等于零；

有进步没有耐心等于零，有蓝图没有实现等于零。

精彩的人生需要拼搏，拼搏的人生更加精彩。

126

六为四不好

民以安为本，官以仁为本，富以诚为本，

穷以勤为本，政以廉为本，党以民为本。

智者不锐，慧者不傲，

谋者不露，强者不暴。

127

天、地、山、海

老百姓是天，

老百姓是地，

老百姓是山，

老百姓是海。

老百姓是共产党的永远挂念，

老百姓是共产党的力量源泉。

人类最大的爱就是爱别人，

共产党就是永远爱人民。

128

要有敬畏之心

一是敬畏历史。

使自己的工作能经得起实践和历史的检验；

二是敬畏百姓。

让自己做的事情对得起养育我们的人民；

三是敬畏法纪。

使自己在为党和人民的事业奋斗中永远不变质；

四是敬畏人生。

在回首往事的时候不会感到无作为而后悔。

只要民族还没有复兴，国家还有贫穷苦难的人，共产党人的责任就没有完成。

129

四不三追求

不学习，就愚昧；不勤劳，就贫穷。

不敬业，就失业；不爱岗，就下岗。

勤学者生存，劳动者伟大，创业者辉煌。

130

高扬六情

执政为民的党情，改革开放的国情，

爱党忠国的民情，血浓于水的亲情，

朴实无华的友情，患难与共的爱情。

人生因梦幻而伟大，因学习而快乐，因爱心而美丽。

131

六个不能

政治不能超越人性，经济不能没有德性，

文化不能缺少高尚，民主不能冲击集中，

自由不能影响他人，发展不能破坏生态。

决心就是力量，信念就是成功。

132

倡导十八大要务

做人的要务是忠孝与仁义；

治家的要务是节俭与勤劳；

婚姻的要务是忠贞与坚守；

工作的要务是敬业与奉献；

交友的要务是真诚与热情；

社交的要务是包容与和谐；

教师的要务是教书与育人；

干部的要务是忠诚与爱民；

领导的要务是勤政与清廉；

学生的要务是博学与创新；

儿女的要务是敬老与爱幼；

军人的要务是忠党与爱国；

市民的要务是高雅与文明；

农民的要务是素质与教育；

老人的要务是健康与传承；

管理的要务是质量与民生；

执政的要务是科学与发展；

我党的要务是反腐与倡廉。

133

中国胜利

丢掉苍白的懦弱，拒绝胆怯的错过，

扑灭无聊的烦恼，放弃卑微的懒惰，

鼓起勇敢的执着，唤醒复兴的探索，

肩负我党的重托，创造中华的飞跃。

自奋者天助。

134

信心与忠诚

道路自信，理论自信，

制度自信，文化自信！

决不走封闭僵化的老路！

决不走改旗易帜的邪路！

永怀共产党人为人民服务的忠诚！

135

党的十八大的七个新

对特色社会主义认识有了新的高度；

对科学发展观内涵有了新的定位；

对改革开放提出了新的要求；

对建成小康社会提出了新的构想；

对治国理政提出了新的部署；

对建设特色社会主义提出了新的内容；

对推进党建工作有了新的自觉。

没有想头，哪有奔头！奋斗不止，前途光明！

136

你知道吗？

时间是用来学习的，

身体是用来打拼的，

生命是用来创造的，

灵魂是用来歌唱的。

一个人愈是无知，就会愈傲慢，愈傲慢，就会愈无知。

137

人生八不可

自以为是可悲，孤芳自赏可笑，

推卸责任可憎，错失良机可惜，

输给自己可叹，自高自大可怕，

独断专行可悲，私欲贪婪可恨。

人脉要比别人多，学识要比别人高，期待要比别人少。

138

渺小见伟大

没有比手更大的天，没有比脚更长的路，

没有比人更高的山，没有比心更宽的海！

无路可走的情况，只有弱者遇到，

真正的强者，脚下都是路！

139

强者六最八得

最野蛮的身体，最文明的头脑，

最坚强的意志，最丰富的知识，

最贴心的朋友，最熟练的技能。

看得透，想得开，拿得起，放得下，

学得好，用得精，立得正，行得稳。

140

聪明在于训练

善于吸取经验教训，敏于接受新鲜事物；

细于考虑理解问题，远于自我欣赏心态；

精于时刻保持镇定，勤于学习拓宽视野；

勇于面对各种困难，乐于接受各类批评；

诚于坦然面对事实，苦于思考未来发展。

杰出的人士与平庸之辈的差别，不在于机遇，

而在于谁能冲出人为的限制。

141

五个一定要

革命的本钱是身体，一定要善身；

幸福的根本是平安，一定要保重；

成功的基石是学习，一定要勤奋；

快乐的源泉是开心，一定要微笑；

生活的真谛是洒脱，一定要淡定。

做人要学道家，要大气一点；

做事要学儒家，要实在一点。

142

学会驾驭自己

说服自己，发现自己，调整自己，更新自己，

解脱自己，征服自己，修炼自己，升华自己。

月有阴晴圆缺，人有旦夕祸福，生活中的坎坷，势必造成感情上
的大起大落，如果控制不好就会损害自己的身体，所以一定要学会驾
驭住自己的命运。

143

从小事做起

永远不能放松对自己的要求，永远不能忘记自觉勤奋学习，

永远不能放弃做人的信念，永远不能终止做人的目标。

一切伟大的行动和思想，都有一个微不足道的开始。

144

六种谨慎

谨慎于事，谨慎于言，谨慎于行，

谨慎于心，谨慎于意，谨慎于图。

天下大事，必作于细，策划于精。

145

南理座右铭

德重龙虎伏，才高鬼神钦，

兴教创伟业，育人兴中华，

长存报国志，定有辉煌时。

创造美丽，构建神奇，

崇尚一流，追求卓越。

146

校园行为十戒

最不明智的生活态度：自暴自弃；

最不能容忍的生活方式：荒废青春；

最不文明的行为举止：恶意中伤；

最不能接受的交往方式：滑头滑脑；

最不能听的意见言语：尖酸刻薄；

最不能原谅的失语过错：存心欺骗；

最不认同的学习观念：弃学网恋；

最不可取的思想行为：冷漠待人；

最不受欢迎的男生类型：没志向，没理想，没有自己的人生目标；

最不受欢迎的女生类型：艳装矜持，惺惺作态，矫揉造作。

志当存高远，行必拘小节。

147

六多必无

多躁者，必无沉潜之识；

多畏者，必无卓越之见；

多欲者，必无慷慨之节；

多言者，必无文学之雅；

多傲者，必无谦让之怀。

找借口不如抓差距，找理由最好去行善。

148

人生五件宝

一是吃进胃里的食物；

二是藏在心中的梦想；

三是读进大脑的书籍；

四是实践形成的才华；

五是热爱祖国的忠诚。

自大的人他一定会自傲，自卑的人他一定是不自信。

149

寻找相伴

理解总与宽容的人相伴，

财富总与诚信的人相伴，

学问总与读书的人相伴，

智慧总与高尚的人相伴，

魅力总与幽默的人相伴，

快乐总与健康的人相伴，

幸福总与勤劳的人相伴，

创新总与实践的人相伴，

事业总与奉献的人相伴。

不谈学习，我们难以做朋友，一谈贪欲，我们就是敌人；

只有学习才是我们思想感情的最好纽带。

150

决策要科学

不能一拍脑袋就定，

不能一拍胸脯就上，

不能一拍屁股就走。

捞政绩，搞形象工程，是当代政界的大敌。

151

人缘人脉探寻

寻找所需知识，回避自己聪明，

善于当好配角，不可目中无人，

放弃与人争辩，不要锋芒太露，

与人保持距离，不能树敌添堵，

谦虚不要虚伪，失言不如无言。

做人有人缘，做事有机缘，要有忍小谋大的智慧。

152

年轻人的好心态

要有无条件的自信，要及时清除消极思想，

要勤奋学习最新知识，要敢于从失败中奋起，

要忘记生活中的痛苦，要及时消除自己的烦恼，

要赞美别人的优秀，要始终如一不卑不亢。

情不知所起，一往而深；恨不知所终，一笑而泯。

不宽恕众生，不原谅众生，只会苦了自己。

153

毛泽东的豪言壮语

最符合人类历史演变的一句话：

"枪杆子里面出政权。"

最鼓舞人心的一句话：

"星星之火可以燎原。"

最豪迈的一句话：

"一切反动派都是纸老虎。"

最谦虚的一句话：

"这只是万里长征的第一步。"

最震撼世界的一句话：

"中国人民从此站起来了"。

最大气凛然的一句话：

"人不犯我，我不犯人；人若犯我，我必犯人"。

最具神秘感而又顺其自然的一句话：

"天要下雨，娘要嫁人，由他去吧！"

我们需要改变世界的伟人，没有狮子的存在，羚羊是跑不快的，没有黄牛的耕耘，不可能有大地的丰收。

154

精典的评说（摘录）

教育部本科教学工作合格评估专家组一行十二人，从十一月二十六日至二十九日对我们南昌理工学院进行为期四天考察评估，现将专家们在二十九日与学院中层干部以上人员见面会上反馈讲评的精典讲话内容摘录如下（按先后秩序排列）：

1.南昌理工学院用航天精神和军魂育人的理念作为办学的思想和育人的模式很有特色；

2.南昌理工学院在办学过程始终用"航天科教、兴我中华"作为自己的办学宗旨很不容易；

3.南昌理工学院办学十几年，投资规模这么大，已经成为全国民办高校的领跑者，还始终坚持其公益性原则不变这很不容易；

4.南昌理工学院三套班子有强大的凝聚力，在办学过程能留住这么多专家学者很不容易；

5.南昌理工学院办学十三年，在前十年中实现了三级跳，上了三个大台阶，你们很有胆识和魄力；

6.邱小林理事长对办学有热情有抱负，对我国教育事业贡献巨大，使学院实现了快速发展；

7.南昌理工学院在十三年的办学过程中，很有开创精神，团队精神好，人文关怀很到位；

8.南昌理工学院为了适应社会建设人才的需要，及时创建和申报新增学科专业很到位；

9.南昌理工学院的创建者有强烈的使命感，能抢抓机遇，实现了学院的快速发展；

10.南昌理工学院办学定位清晰，富有特色，你们这次关于以评促建成绩也很显著；

11.南昌理工学院在教学方面，你们制订和修订的人才培养方案和教学内容，以及从大专层次教学转型为本科层次教学的方案和实践也很到位；

12.南昌理工学院创建军魂育人的教育理念已经取得标志性成果！同时南昌理工学院的办学条件基本达到，教学管理基本规范、教学质量基本保证，本科教学评估标准基本达到。

专家们在点评中还从不同的层次和角度非常明确地指出了南昌理工学院不少需要改正、加强和完善的问题。并且还提出了许多中肯的希望和建设性意见。

155

激情万岁

激情是吹动船帆的风，

激情是人生成功的基石，

激情是做好工作的动力，

激情是前进的助推器。

人之谤我也，与其能辩，不如能容；

人之侮我也，与其能防，不如能化。

156

能人八戒

觉人之诈，不愤于言；

受人之侮，不动于色；

察人之过，不扬于他；

施人之惠，不记于心；

受人之恩，铭记于心；

受人之鱼，学而之渔；

识人之才，授之于权；

善于用人，有容乃大。

清高太过则伤仁，和顺太过则伤义。

157

大丈夫之气度

大其心，容天下之事；虚其心，尝天下之美。

潜其心，究天下之理；定其心，应天下之变。

不厌山高，不厌海深。

我们每个人要拥有一个梦想，在民族的复兴中，

在教育无限的事业中，看自己所能做出的贡献。

158

聪明与糊涂

大事聪明些，小事糊涂些；

会上聪明些，会下糊涂些；

公事聪明些，私事糊涂些；

上班聪明些，下班糊涂些；

思维聪明些，表白糊涂些；

指挥聪明些，请功糊涂些。

养成与时俱进的理念，和谐恬静的情绪，

优雅得体的形象，均衡合理的素养。

159

做人的准则

要做一心、二点、三忘、四有。

以振兴中华梦为中心；

精明一点，敬业一点；

忘记名利，忘记怨恨，忘记欲望；

有理想、有方向、有追求、有目标。

心宽似海，心静如水，心明如月，心坚如钢。

160

你想当什么家

教育家把科学的文化大众化；

艺术家把想象的事物形象化；

政治家把先进的思想推广化；

军事家把分散的力量团队化；

科学家把深奥的知识应用化；

思想家把公众的思维优选化；

理论家把社会的亮点扩大化；

企业家把自然的资源产品化；

预言家把未来的发展超前化；

实践家把创新的思维现代化；

表演家把平淡的生活艺术化；

慈善家把弱势的群体亲情化。

你可以发火，但也要发光，

你可以发泄，但更要发愤。

161

人品常思

有德有才是正品，无德无才是废品，

有德无才是次品，有才无德是毒品。

要经常审视和提醒自己。

162

做人的须与莫

须交有道之人，莫交无义之辈；

须读道法之书，莫阅黄色之刊；

须走创新之路，莫上混世之船；

须怀爱国之梦，莫做不孝之人；

须饮清静之茶，莫贪花色之酒；

须开方便之门，莫开是非之口。

漫漫人生路，牢记水洗皮肤语洗心。

163

六然为要

遇事时处之泰然，为官时处之畏然，

失意时处之坦然，服务时处之安然，

得意时处之淡然，奉献时处之自然，

学习之时处之奋然，低调做人，高调做事。

164

赞美与期盼

江西省朱虹副省长于二〇一二年十二月七日上午八点来南昌理工学院，先从北校区后到英雄校区进行了实地考察调研。然后到办公大楼三楼会议室听取了邱小林同志和李贤瑜同志的致词和工作汇报，最后朱虹副省长对学院中层以上干部进行了讲评，现把讲话的精华部分摘录如下：

今天我到南昌理工学院现场考察调研后，刚才又听取了你们的办学情况汇报，我觉得南昌理工学院办学十三年取得了可喜的成绩，可以用"四个一"来概括：

南昌理工学院有一个好的办学法人。邱小林同志既是学院的投资者、创办者，又是教学方面的领头人，他身体力行地全身心地投入到学校的全面建设上来，这是在全国很少有的；

南昌理工学院有一个好的办学理念。你们以"航天科教，兴我中华"为校训，并适时地创建了几个与航空航天事业相关的且急需要的学科专业，很有特色；

南昌理工学院有一个好的师资队伍。师资队伍是我们办学的基础，决定我们办学的质量，你们能引进一大批老教授进行教学和管理，这非常好，教师越老越值钱；

南昌理工学院有一个好的领导班子。你们的三套班子很整齐很健全，都是内行办学，教授办学，特别是还能团结办学，一个单位没有团结是什么事都办不成的。

最后朱虹副省长还提出了四点希望和意见：

1.正确认识民办教育的体制、地位及其重要性和它的历史作用；

2.要明确培养应用型人才这个目标，办学的全过程一定要以适应社会对技能型人才的需求作为我们办学的指导思想，并取得实际成效；

3.一定要把教学质量作为中心任务来抓，在外延发展、扩大生源数量不可能的情况下，抓好内涵质量的建设才是唯一的出路；

4.希望你们要坚持规范办学原则，对财务管理、教学管理、学生管理、招生管理、学科建设与管理都要进行规范操作。

165

生活有哲理

朋友总比敌人多，学习总比逍遥多，

快乐总比烦恼多，思考总比休闲多，

办法总比问题多，希望总比失望多。

爱自己只会让自己更孤独，

爱别人会让人生更精彩。

166

心理平衡好

自己丰富才能感知世界精彩，

自己好学才能感知世界新奇，

自己善良才能感知世界美好，

自己勤劳才能感知世界富有，

自己诚信才能感知世界丰盈，

自己快乐才能感知世界和谐。

把别人想象成天使，

你就不会遇到魔鬼。

167

事在人为

你喜欢挑战，方法就越来越多；

你喜欢放弃，借口就越来越多；

你喜欢感谢，平安就越来越多；

你喜欢抱怨，烦恼就越来越多；

你喜欢拼搏，成功就越来越多；

你喜欢逃避，失败就越来越多；

你喜欢创新，奇迹就越来越多；

你喜欢分享，朋友就越来越多。

埋怨别人，天昏地暗，改变自己，风和日丽。

168

人有九心好

用宽容的心审视世界，对待生活，

用快乐的心创造世界，改变生活，

用感恩的心回报社会，体验生活。

慧心源自平常心，

虚心来自进取心，

爱心本是善良心。

169

学会真诚

大地知道天空的真诚，因为有及时雨水的滋润；

海岸知道浪花的真诚，因为有澎湃浪潮的抚摸；

山脉知道森林的真诚，因为有漫山绿茵的铺盖；

人类知道相互的真诚，因为有彼此文明的交融；

社会知道众生的真诚，因为有相依共存的寄托；

教师知道学子的真诚，因为有共担民族复兴的重任。

心存感激，珍惜真诚。

170

立志做真人

每一个超越昨天的人，都是超人；

每一个敢于创新的人，都是圣人；

每一个造福人民的人，都是伟人；

每一个埋头苦干的人，都是实人；

每一个真心助人的人，都是善人；

每一个刻苦学习的人，都是学人；

每一个展现细节的人，都是匠人。

青春须早为，岂能长少年，长存仁义心，立志做真人。

171

人生有几度

人生的宽度靠学习力，

人生的长度靠行动力，

人生的高度靠思考力，

人生的深度靠创造力，

人生的广度靠交际力，

人生的必胜度靠团结力。

每个人的智慧并非是自己的天性，而是来自勤奋学习和对平凡事物的观察。

172

做人六字诀

静：多倾听，不乱说；

缓：多稳重，不急躁；

忍：多宽容，不气愤；

让：多退让，不强求；

淡：多看开，不计较；

平：多平衡，不突显。

不期待，不假设，不妄为。

173

应该放弃

放弃抢眼的色彩，

放弃夸张的造型，

放弃无礼的傲慢，

放弃多彩的自夸，

放弃恶习的缠绕，

放弃当众的炫耀，

放弃刻意的表达，

放弃细节的散慢，

放弃做人的轻浮。

储存知识，行为得体，习惯优秀，对人尊重，就是人之高雅。

174

时时观心

忙时静心，闲时练心，

怒时制心，贪时修心。

平常心最快乐！

进取心最自然！

善良心最伟大！

175

六大作为

凡是有矛盾的地方，我们要为和谐而努力，

凡是有谬误的地方，我们要为真理而努力，

凡是有疑虑的地方，我们要为信任而努力，

凡是有谣言的地方，我们要为辟谣而努力，

凡是有绝望的地方，我们要为希望而努力，

凡是有弃学的地方，我们要为劝学而努力。

176

做人的九大底线

可以忍受贫困，不能背叛人格；

可以追求财富，不能挥霍无度；

可以发表歧见，不能拨弄是非；

可以不做善人，不能为非作歹；

可以不做君子，不能去做小人；

可以容忍邋遢，不能容忍颓废；

可以没有学位，不能没有品位；

可以风流倜傥，不能纵欲无度；

可以不讲感谢，不能不懂感恩。

承认错误是坚强，吸取教训是聪明，改正错误是伟大。

177

思维与突破

创造思维帮助你突破阻力；

逆向思维帮助你突破教条；

批判思维帮助你突破桎梏；

换位思维帮助你突破主观；

联想思维帮助你突破常规；

系统思维帮助你突破片面；

开放思维帮助你突破僵化；

形象思维帮助你突破枯燥；

逻辑思维帮助你突破表象；

前瞻思维帮助你突破短视；

简单思维帮助你突破复杂；

科学思维帮助你突破迷信。

不会思考的人是白痴，不肯思考的人是懒汉，不敢思考的人是奴隶。

178

培养好气质

有志气的人勇气也高，有傲气的人脾气也大；

有正气的人义气也重，有邪气的人恶气也多。

有骨气的人胆气也壮，有人气的人运气也好，有学气的人底气也足。挣扎使人悲苦，抗争使人高贵。

179

莫言谈母亲伟大

（一）母亲的宽容

莫言的母亲早年在集体地里捡麦穗，被看守人打得嘴角流血，莫言为此刻骨铭心。之后，当莫言母子与当年那个打人的现已成为白发苍苍的老人相逢时，莫言要出手报仇！却被母亲拉住了，母亲平静地说："儿子，那个打我的人，与这个老头，并不是一个人。"

宽容是一个人对社会、对人生所抱有的积极生活态度。小可安民，大可强邦。

古今中外在不同领域有所建树者，无不有宽广的胸怀、能容的度量。

能容纳对手的人，你不会有敌人。

高山不辞土壤，故能成其高；大海不择细流，故能成其大。

180

（二）母亲的善良

莫言在儿时的一个中秋节，全家每人仅只能吃一碗饺子时，莫言的母亲将自己刚吃一半的饺子倒给了一位乞讨的老人。莫言幼年因长相丑陋，被村里人当面嘲笑和殴打而痛哭，母亲劝他说："儿子，你不丑，你身体什么也不缺。只要你心存善良，多做好事，即便是丑，也能变美。"

善良的情感是良好行为的土壤。一个健康的孩子就好比一棵树，必须以善良为根，正直为干，丰富的情感为蓬勃的枝丫，这样才能结出美丽善良的果实。

不以善小而不为，不以恶小而为之。

从自己做起，从小事做起。

怀善则阳，无善则暗。

181

（三）母亲的坚强

莫言的母亲患严重肺病，加上饥饿和劳累，莫言为此胆战心惊，而他的母亲总是在辛勤劳作时，嘴里竟然还哼唱小调曲，并对儿子说："孩子，你放心，尽管我活着没有一点乐趣，但只要阎王爷不叫我，我是不会去的。"

人生困难境遇总是不期而遇，挫折磨难每时每刻都有可能发生，对挫折最好最有效的武器就是坚强意志，它是一种强大的内驱力，能激励人们去追求他既定的目标，实现自己的理想。

坚强是美德，坚强使人高贵。

182

珍惜可贵

人见多了方知缘分可贵，事做多了方知学习可贵：

挫折多了方知心态可贵，成功多了方知勇气可贵：

矛盾多了方知胸怀可贵，委屈多了方知修炼可贵；

名利多了方知淡定可贵，应酬多了方知宁静可贵；

钱财多了方知慈悲可贵，恭维多了方知真诚可贵；

职位高了方知亲民可贵，岁数大了方知童年可贵。

把自己的欲望降到最低点，

把自己的理性升到最高点。

183

人的情商

是心理的纯洁，是感觉的共鸣，是灵感的碰撞，

是灵光的闪耀，是甜蜜的琼浆，是飘香的醇酒，

是人脉的凝聚，是知识的精华，是成功的保证。

情不知所起，一往而深，

恨不知所终，一笑而泯。

184

做优秀又快乐的人

大智者必谦和，大勇者必善良，

大善者必宽容，大学者必仁慈。

最优秀的人不一定是最快乐的人，

最快乐的人一定是最优秀的人。

185

做有价值又高尚的人

有钱财的穷人不会是富人，有权势的庸人不会是伟人，

有学识的笨人不是聪明人，有声誉的坏人不会是好人。

只有当知识转化为智慧和创新的时候，知识才有价值；

只有当道德转化为行动并传承的时候，道德才算高尚。

186

聪明的选择

选对老师，智慧一生；

选对伴侣，幸福一生；

选对环境，快乐一生；

选对朋友，甜蜜一生；

选对行业，成就一生；

选对读书，聪明一生。

知识给人重量，成就给人光彩。

187

生命的修炼《自省与修养》

忍得住孤独，耐得住寂寞，挺得住痛苦，

顶得住压力，挡得住诱惑，经得起折腾，

受得住打击，丢得起面子，担得起责任，

挨得起批评，经得起误会，提得起精神。

知廉耻方能知进退！

会自省一定做好人。

188

对新年的期盼

做一名智者：智者就是能够解答别人不懂的问题的人，并且还是不断向别人学的人；

做一名强者：强者就是能够主宰自己命运的人，并且还能带领别人一起前进的人；

做一名学者：学者就是能够坚持读书学习的人，并且能够把学的知识付诸实践的人；

做一名富者：富者就是能够珍惜生命中每一天的人，并且还有能力改变周围环境的人；

做一名尊者：尊者就是既懂得尊重自己的人，又特别懂得尊重别人的人；

做一名善者：善者就是有悲悯情怀的人，并且能够用实际行动去救助弱势群体的人。

在新的一年中，把这些显而易见的道理付诸实践吧！天不助不愿作为的人！

189

校友新年的祝福

校友是梦，总在思念；校友是魂，融入心田；

校友是情，携手向前；校友是缘，一世相连；

校友是宝，沉沉甸甸；校友是路，越走越宽；

校友是福，吉祥无边；校友是伴，一生平安！

经常联系，回忆当年，母校情谊；

新年祝福，面向明天，激情永远。

190

生命有九度

时间是生命的长度，越用越短；

视野是生命的宽度，越看越宽；

理想是生命的高度，越想越远；

胸怀是生命的厚度，越放越广；

激情是生命的力度，越干越欢；

学习是生命的强度，越学越优；

经验是生命的密度，越积越多；

爱好是生命的浓度，越好越乐；

阅历是生命的精度，越活越美。

只要有斗志，不怕没有战场！

191

做人的品质

德能是必须品，信仰是上等品，

学习是急用品，礼貌是补给品，

貌美是装饰品，关系是半成品，

失信是违禁品，贪欲是剧毒品。

金玉其外，败絮其中，

品质为大，做人之本。

192

好的人际关系是软实力

好的人际关系是一座挖不尽的金矿，是一笔无形的巨大财富。怎样营造好的人际关系？

你应该主动地去：

关心别人，容纳别人，宽恕别人，学习别人，理解别人，

爱护别人，帮助别人，提携别人，尊敬别人，原谅别人，

感恩别人，怀念别人，珍惜别人，回报别人。

这是一门做人的学问，也是一门生存的艺术。

培养自己这种宽广的胸怀吧！

树立自己这种达观的态度吧！

193

心是生命的根本

人之心胸，多欲则小，寡欲则宽；

人之心境，多欲则忙，寡欲则安；

人之心术，多欲则雅，寡欲则正；

人之心事，多欲则烦，寡欲则乐；

人之心态，多欲则乱，寡欲则静；

人之心志，多欲则弱，寡欲则壮。

心怀要大，心灵要美，

心情要好，心态要善！

194

四容境界

对竞争对手给予宽容，对同事同仁给予相容，

对知错改者给予包容，对生活磨难给予笑容。

珍惜所拥有的，你就是富有的。

总是在意没有的，你就是贫穷的。

195

学好终身课题

平心：心平气和。心平去悲，气和消怒，怨乃诸害之首；

宽心：心宽肚容。心宽似海，宽容防妒，妒乃为人之短；

静心：心静致远。心静悟道，静可去躁，躁乃成事之毒；

热心：心热情激。心热气豪，情热勿冷，冷乃激情之害；

纯心：心纯理正。心强志高，纯而不杂，杂乃平稳之乱。

五心乃终身之课题，毕生之功夫，永恒之追求！

人生旅途千万事，关键都在自己掌握中。

196

改变七个不能

不能融入群体，要读懂抱团合作乃取胜之伟大；

不能适应环境，要读懂蓄势待发乃取胜之良机；

不能大胆沟通，要读懂寻求良知乃取胜之人脉；

不能礼貌待人，要读懂尊重别人乃取胜之途径；

不能潜心学习，要读懂丰富知识乃取胜之根本；

不能超前思维，要读懂革新思维乃取胜之源泉；

不能锻炼身体，要读懂身体健康乃取胜之基础。

生于忧患，死于安乐！

197

读书创造奇迹

读书求进步，文明上台阶。

　　我们把最好的年华献给读书，就是因为通过读书求得知识可以创造奇迹。事实证明，真正能给人带来享受的东西是读书，不但可以为国为民干一番事业，还可以延年益寿。

　　学得辛苦，做得舒服，

　　学得舒服，做得辛苦！

　　不吃苦中苦，难有大突破。

198

当老大的能力

　　勇当群体利益的发言人（代表者）；

　　成为广大群众的主心骨（决策者）；

　　公众认可的核心凝聚力（说服者）；

　　善于应变事态的掌门人（组织者）；

　　精心学习知识的文化人（带头者）；

　　关心群众福利的策划人（贴心者）。

　　能为别人着想，是天下第一等学问。

199

做人十二点

　　牢牢抓住重点，善于攻克难点，认真分析拐点，

　　切实注意热点，学习对手特点，善于制造亮点，

　　创造诱人视点，遮住自己弱点，避开议论沸点，

　　经常制造看点，谨防出现污点，每天都当零点。

　　只要你肯学习和思维，生活总会给你答案。

200

向上沟通的方法

向上级提出选题，一是要准备好预选答案和对策；

向上级准备多选题，一是要准备好多项备选答案；

向上级分析提案优缺点及其后果；

向上级提出安排随时再次沟通的条件与时间。

胆识要足，胆气要壮，合情合理呈述，没有办不成的事。

201

勇于自我调解

平凡时高调一点，尊贵时淡泊一点，沉寂时活泼一点，

恼怒时理智一点，放纵时节制一点，劳累时放松一点，

懒散时振作一点，漂浮时实在一点，遇难时坚强一点，

贫困时勤劳一点，钱多时节俭一点，有空时学习一点。

人生有起有落，起的时候要有落的准备，

落的时候一定要有起的雄心。

202

学习我国历史上二十四孝的楷模

（编辑按："二十四孝"是中国传统文化"孝道"的重要内容。它教人尽孝，总体意图是很好的，但其中不乏与今天的价值观有背的内容，如"郭巨埋儿""黔娄尝粪"等，正如张云林同志批评其"过分"，读者在阅读本部分内容时，亦当有所扬弃。）

孝的楷模之一

舜帝，孝感动人：

舜帝，传说中的远古五帝之一，相传他的父亲、继母和继母之子弟象，多次想害死他，在他修理谷仓顶棚时纵火烧他，在他挖深井时填井埋他，但他都及时逃脱。事后舜毫不嫉恨，仍对父母恭顺，对弟慈爱。他的孝行感动了上天，大象替他耕地，鸟代他锄草。当时在位的尧帝知道舜孝顺而有才干，把两个女儿都嫁给他，并选定作为自己的继承人。以后舜登帝位后，仍然对父恭敬，并封弟象为诸侯。

孝亲慈弟不记仇，人生境界高。

不要把对别人的仇恨记得太清，

不要把别人对自己的恩情忘得太净。

203

孝的楷模之二

文帝，亲尝汤药：

汉文帝，乃汉高祖的第三子，叫刘恒，是薄太后所生，公元前180年即帝位，他以仁孝闻名天下。母亲卧病三年文帝侍奉从不懈怠，他常目不交睫，衣不解带。母亲所服汤药，他都要先亲口尝过才让母亲服用。他在位二十四年，重德治、兴礼仪、发展农业，使西汉社会稳定、人丁兴旺，他与景帝统治时期被誉为我国历史上的"文景盛世"。

仁孝乃治国治家之宝。

以孝敬亲，以仁治国。

204

孝的楷模之三

曾子，咬指痛心：

曾子是春秋时期鲁国人，孔子的得意弟子，他以孝著称。少年家贫，常入山砍柴，有一天家中来了客人，母亲不知所措，就用牙咬自己的手指。曾子在山上忽然觉得心痛，他知道这是母亲在呼唤自己，便背着柴赶回家中，跪问缘故。母亲说："有客人忽然到来，我咬手指盼你回来。"曾子以礼接待人。曾子学识渊博，他提出"吾日三省吾身"的修养方法，相传他著有《大学》《孝经》等儒家经典，后世儒家称他为"宗圣"。

母子同心，骨肉相连。

205

孝的楷模之四

子路，百里负米：

子路是春秋时期鲁国人，孔子的得意弟子，性格直率、勇敢，十分孝顺。早年家中贫穷，常采野菜充饥，却从百里之外背米回家侍奉双亲。父母双亡后，他做了大官，在外巡视拒吃丰盛筵席，他总是非常怀念他的双亲，留恋过去百里背米孝敬父母的情景。孔子赞扬他说："你侍奉父母生时尽力，死后思念。"

侍奉双亲，是做人之德，

父母之恩，永存心间。

206

孝的楷模之五

子骞，芦衣顺母：

子骞，春秋时期鲁国人，孔子的弟子，在孔门中以德行与颜渊并称。孔子曾经赞扬他说："孝哉，子骞！"他生母早死，继母常虐待他，冬天，继母的两个儿子都穿棉花做的冬衣，他却穿芦花做的冬衣。一天子骞因寒冷打战将手中拉车的绳子掉落在地，遭到父亲鞭打，此时芦花从打破的衣缝中飞了出来，父亲方知子骞受到虐待要将后妻休掉。此时，子骞跪求父亲饶恕继母，并说："留下母亲只是我一个人受冷，休了母亲我们三个孩子都要挨冻。"父亲十分感动，继母听说后，悔恨知错，从此待他如亲子。

宽恕他人，感动父亲，家庭和谐。

207

孝的楷模之六

郯子，鹿乳奉亲：

郯子，春秋时人，父母年老患眼疾，需要饮食野鹿的乳汁治疗。他就披着鹿皮进入深山，混进鹿群中，挤取母鹿乳汁，供奉双亲。一次在鹿群中取乳汁时，看见一个猎人正要射杀一只野鹿，郯子急忙掀开鹿皮现身走出鹿群，向猎人讲清挤鹿乳为父母治疗眼病的实情。猎人敬他孝顺，护送他出山，以后总是以鹿乳相赠，治好了双亲眼疾。

扮鹿取乳，治疗父母眼疾，报答养育之恩。

208

孝的楷模之七

莱子，戏彩娱亲：

莱子，春秋时期的楚国隐士，自耕于蒙山南麓。他孝顺父母，尽择美味供奉双亲，他到七十岁时尚不言老，常穿着五色彩衣，手持拨浪鼓似小孩子般戏耍，以博取父母开怀大笑。一次他为双亲送水喝时不小心跌了跤，他怕父母伤心，借机躺在地上学小孩子大哭，引得二老大笑，为其取乐。

为使双亲高兴快乐长寿，年过花甲身着彩衣戏耍。

209

孝的楷模之八

董永，卖身葬父：

董永，相传为东汉时期千乘（今山东高青县）人，少年丧母，因避兵乱迁居安陆（今湖北）。其后父亲亡故，因家境贫寒，董永卖身到一富家为奴，换取父亲的丧葬费用。当他走在上工路上，于槐荫树下遇一女子，自言无家可归，两人结为夫妻。该女子以一月终得三百匹锦缎，为董永抵债赎身。女子告诉董永，自己是天帝之女，奉命帮助董永还债，言毕凌空而去。从此，槐荫改为现在的孝感。

孝心感动上天，卖身葬父成为佳话。

210

孝的楷模之九

丁兰，刻本奉亲：

丁兰，是东汉时期河内（河南黄河北岸）人，幼年父母双亡，他经常思念父母的养育之恩，并用木头刻成双亲的雕像供在家中，他凡事都和木像父母商议，每餐先敬过双亲后自己方才食用，出门前一定禀告，回家后一定先面见，从不懈怠。久之，其妻对木像不太孝敬了，竟好奇地用针刺木像的手指，而木像手指居然流出血来。丁兰回家见木像眼中垂泪，问知实情后遂将妻子休弃。

刻木奉亲，表达小心，其妻不敬，将其休弃。

211

孝的楷模之十

江革，引佣供母：

江革，东汉时齐国临淄人，少年丧父，侍奉母亲极为孝顺。战乱中，他背着母亲逃难，几次遇到匪盗欲杀死他，江革跪哭告：老母年迈，无人奉养。贼人见他孝顺，不忍杀他。后来，他迁居江苏下邳，做雇工供养母亲，自己贫穷赤脚，而母亲生活所需甚丰。明帝时被推举为孝廉榜样，到章帝时又被推举为贤良方正，并委任五官中郎将。

背母逃难，打工养母，实乃古之孝母榜样。

212

孝的楷模之十一

陆绩，怀橘孝母：

陆绩，三国时期吴国华亭（今上海松江）人，科学家。六岁时随父陆康到九江拜谒袁术，袁术拿橘子招待，这时陆绩自己不吃却往怀里藏了两个橘子。临行时，橘子滚落地上，袁术嘲笑道："陆郎来作客，去时还要怀藏橘子吗？"陆绩回答说："母亲喜欢吃橘子，我想拿回去给母亲尝尝。"袁术见他小小年纪就懂得孝顺母亲，把母亲挂在心头，十分惊奇。陆绩成年后，博学多识，通晓天文、历算，曾作《浑天图》，注《易经》，还撰写《大玄经注》。

时时牵挂母亲，小处可见大孝。

213

孝的楷模之十二

郭巨，埋儿奉母：

郭巨，晋代隆虑（今河南林县）人，原本家道富裕。父亲死后，他把家产全部分给了两个弟弟，自己单独供养母亲，对母极孝。后来家境逐渐贫困，妻子生一男孩，郭巨担心养育这个孩子，必然影响供养母亲，遂和妻子商议："儿子可以再有，母亲死了就不能复活，不如埋掉儿子，节省些粮食供养母亲。"当他们挖坑时，在地下二尺深处忽见一坛黄金，上书"天赐郭巨，官不得取，民不得夺"。

夫妻得黄金，回家孝敬母亲，并得以兼容孩子。

孝养母亲可敬，埋掉孩子过分。

感动上天赐金，得以孝爱相顾。

214

孝的楷模之十三

黄香，扇枕温褥：

黄香，东汉江夏安陆人，九岁丧母，对父极孝，酷暑时为父亲扇凉枕席；寒冬时用身体为父亲温暖被褥。他少年时博通经典，文彩飞扬，京师广泛流传"江夏黄童，天下无双"。在东汉安帝时调任魏郡（今陆河北）太守，有一年遭受水灾，黄香尽其家中所有赈济灾民。他著有《九宫赋》《天子题颂》等。

扇枕温褥孝敬老父，倾尽家产赈济灾民，其乃孝子任良官。

215

孝的楷模之十四

蔡顺，桑果分食：

蔡顺，汉代汝南（今河南）人，少年丧父，对母甚孝，当时正值王莽之乱，又遇饥荒，柴米昂贵，蔡顺只得摘桑树果充饥。一天巧遇赤眉军，士兵看到蔡顺采摘桑果将红、黑分开装在两个篓子里，士兵问他是何道理，蔡顺回答，黑色桑已熟很甜，给老母食用，红色桑果未熟酸苦留给自己吃。赤眉军怜悯他孝心可嘉，送给他三斗白米、一头牛，让其奉养老母，以示敬意。

甜果孝母，酸果自食，感动赤眉军。

216

孝的楷模之十五

姜诗，涌泉跃鲤：

姜诗，东汉四川广汉人，父亲已丧，娶庞氏为妻，夫妻都很孝顺。其家距长江六七里之遥，庞氏常到长江边取婆婆爱喝的江水。婆婆爱吃鱼，夫妻就常做鱼给她吃。一次因水大，庞氏取水晚了些，姜诗怀疑她怠慢母亲，将她逐出家门。庞氏寄居在邻居家中，照样昼夜辛勤纺纱织布，将积蓄所得托邻居送回家中孝敬婆婆。婆婆知道儿媳前后情况后，令儿子将其请回。当庞氏回家这天，院中忽然涌泉喷出水，口味与长江水相同，并且每天还有两条鲤鱼跃出。从此，庞氏便用这些供奉婆婆，全家和谐。

孝可感天动地，引来泉涌鱼跃。

217

孝的楷模之十六

王裒，闻雷泣墓：

王裒，魏晋时期营陵（今山东昌乐）人，博学多能，父亲王仪被司马昭杀害，他隐居以教书为业，终身不面向西坐，表示永不做晋臣。其母在世时怕雷声，死后埋葬在山林中。每当风雨天气，听到雷声，他就跑到母亲坟前，跪拜安慰母亲说："裒儿在这里，母亲不要害怕。"他教书时，每当读到《蓼莪》篇，就泪流满面，思念父母。

父母已死九泉，闻雷陪母坟前，实乃孝子。

218

孝的楷模之十七

崔名，乳姑不怠：

崔名，唐代博陵（今传河北）人，官至山南西道节度使，人称"山南"。当年崔山南的曾祖母长孙夫人，年事已高，牙齿全部脱落，祖母唐夫人十分孝顺，每天都用自己的乳汁喂养婆婆，曾祖母长孙夫人身体依然健康长寿。以后当长孙夫人临终时，将全家大小召集在一起说："我无以报答我的儿媳妇之恩，但愿你们这些晚辈要像她孝敬我一样孝敬她。"后来崔山南做了高官，果然像长孙夫人所嘱一样，夫妻俩千方百计孝敬祖母唐夫人。

长年用乳汁喂养婆婆的孝心，获得儿媳对她的孝敬。

219

孝的楷模之十八

王祥，卧冰求鲤：

王祥，琅琊人，生母早丧，继母朱氏多次在他父亲面前说他的坏话，使他失去父爱。可是，当他的继母患病后，他衣不解带伺候。继母想吃活鲤鱼，适逢天寒地冻，他解开衣服卧在河中冰上让其融化，然后从河中跃出两条鲤鱼。继母食后，心情特别高兴，果然病愈。从此，王祥名声大振，被选为温县县令，此后还做了大司农、司空、太尉等大官位。

孝心卧冰求鲤，为使继母高兴病愈。

220

孝的楷模之十九

吴猛，引蚊饱血：

吴猛，晋朝濮阳人，八岁时就懂得孝敬父母。家里贫穷，没有蚊帐，夏天蚊虫叮咬，父母不能安睡。每到夜晚，吴猛总是赤身坐在父母床前，让蚊虫叮咬自己而不驱赶，担心蚊虫离开自己而去叮咬父母。

强忍蚊虫叮咬痛苦，求得父母安睡。

不要等到父母年事已高时，才后悔自己未能尽到孝心，不要等到财富一天天增多时，才悲叹父母没有多少时间享受了。

221

孝的楷模之二十

杨香，扼虎救父：

杨香，晋朝人，十四岁时随父亲到田间割稻，突然跑来一只猛虎，把父亲扑倒叼走。此时，杨香勇救父亲，全然不顾自己的安危，急忙跑上前去，用尽全身气力扼住猛虎的咽喉，猛虎终于放下他的父亲跑掉了，父亲脱险。

舍生忘死，打虎救父。

222

孝的楷模之二十一

孟崇，哭竹生笋：

孟崇，三国时江夏人，少年时亡父，母亲年老病重，医生嘱用鲜竹笋做汤对母病有治疗作用。适值严冬山上竹林没有鲜笋，孟崇无计可施，扶竹哭泣。少顷，他忽然听到地裂声，只见地上裂痕中长出树根嫩竹笋。孟崇大喜，采回做汤，母亲喝了后果然病愈。后来他官至司空，为民做了大量好事。

孝动冬笋，治好母病。能孝者，必是好官。

223

孝的楷模之二十二

庾黔娄，尝粪忧心：

庾黔娄，南各的高士，任孱陵县令。赴任不满十天，忽觉心惊流汗，预感家中有事，当即辞官返乡。回到家中，知父亲已病重两日。医生嘱咐说："要知病情吉凶，只要尝一尝病人粪便的味道便知，味道苦能治好，味甜无法治好。"黔娄于是去尝父亲粪便，发现味甜，心内十分忧虑，庙里跪拜北斗星，乞求以身代父去死。几天后父亲死去，黔娄安葬了父亲，并守孝三年。

尝粪为治父病，父死守孝三年。

224

孝的楷模之二十三

朱寿昌，弃官寻母：

朱寿昌，宋代扬州天长人，七岁时，生母刘氏被父亲的正妻嫉妒，不得不改嫁他人，五十年间母子音信不通。宋神宗时，朱寿昌在朝做官，曾经刺血书写《金刚经》，行四方寻找生母，得到线索后，决心弃官到陕西寻找生母，发誓不见母亲永不返回。终于找到了生母，母子欢聚，此时他母亲已经七十多岁了。

弃官寻母，只为母子欢聚。

225

孝的楷模之二十四

黄庭坚，涤亲溺器：

黄庭坚，北宋江西修水人，著名诗人和书法家。虽身居高位，侍奉母亲却竭尽孝心，每天晚上都亲自为母亲冲洗便桶，没有一天忘记作为儿子应尽的职责。

身居高位知恩图报，护理老母，尽心尽责。

226

教育将开创第三次科技革命

第一次工业革命是18世纪60年代从英国发起的技术革命，以蒸汽机作为动力机被广泛使用为标志。我国当时正处在康乾盛世的后期。我国的GDP占世界第一（约32%），由于采取闭关锁国的方式，失去发展机遇。

第二次工业革命是19世纪中期，以电力的发明和广泛应用为标志。我国正进行反帝反封建运动，后来军阀混战，我国又没有赶上第二次工业革命的大好时机。

第三次科技革命，则是以原子能、电子计算机、空间技术和生物工程的发明和应用为主要标志。

第三次科技革命的热点，必须首先进行教育革命，培养能参与国际竞争的创新型人才，抵御过去的功利化，而张扬人文主义的关怀。所以教育是经天纬地之大事。

227

知识创新无价宝

用青春赚来的钱，难赚回来青春；

用生命换来的钱，难换回生命；

用幸福换来的钱，难换回幸福；

用爱情索取的钱，难索回爱情；

用时间挣来的钱，难挣回时间；

用小聪明骗取的钱，难挣回诚信；

只有用知识创新获得的价值，才是人生的真正拥有。

228

自我解放好

放下压力，放下烦恼，放下自卑，放下厌学，

放下懒惰，放下消极，放下抱怨，放下内斗，

放下犹豫，放下狭隘，放下自私，放下包袱。

大雅遇俗，大详尽土，精通世故，返璞归真。

229

排忧解难

口袋里没钱，心里也没有钱的人，最潇洒；

口袋里没钱，心里却有钱的人，最痛苦；

口袋里有钱，心里也有钱的人，最烦恼；

口袋里有钱，心里却没钱的人，最幸福。

智者不忧其钱不多，而忧其才不变；

贤者不忧其家之贫，而忧其国不富。

230

优秀领导者法则

1.提升团队的集体凝聚能力；

2.描绘团队能看到的发展远景；

3.激发团队的乐观向上情绪；

4.勇敢做出团队受欢迎的决策；

5.真诚建立团队的集体威仪；

6.带头成为团队的学习榜样；

7.大力表彰团队中的先进分子；

8. 解决团队成员的个人困难；

9.承担团队出现不足的责任。

学会服从团队，你就会懂得指挥。

231

懂得距离之美

有人恃才自傲，你要虚怀若谷；有人卖弄口舌，你要多思慎言；

有人拼命外显，你要韬光养晦；有人你斗我争，你要远离是非；

有人横冲直撞，你要融合于圆；有人挤破头颅，你要以退为进；

有人纤心不放，你要能屈能伸；有人趾高气扬，你要不量不炫。

不跟别人作对叫理智，不和自己作对叫明智。

232

海纳百川

天空宽容每一朵云彩，无论其美丑，故天空广阔无比；

高山宽容每一块岩石，无论其大小，故高山雄伟壮观；

大海宽容每一朵浪花，无论其清浊，故大海浩瀚无比；

老师教诲每一个学生，无论其贫富，故老师是人类灵魂工程师；

一个人的胸怀能容纳多少人，就能赢得多少人。

233

不缺热闹，但缺少热爱；

不缺新奇，但缺少新作；

不缺理论，但缺少理想；

不缺自负，但缺少自省；

不缺灵气，但缺少灵魂；

不缺传人，但缺少传承；

不缺笑星，但缺少笑声；

不缺崇拜，但缺少崇高；

不缺导师，但缺少导向；

嘲笑自己的错误让自己强大，嘲笑别人的错误让自己渺小。

234

圆我中国梦

我们要为建成小康社会，实现"美丽中国"梦想而贡献出自己的
力量：

1.教育工作者要求承担勤奋执教的兴国梦想；

2.学生家长要践行送儿读书的爱国梦想；

3.年轻学子们要牢记刻苦学习的报国梦想；

4.全体国民不要忘记实现教育强国的梦想。

发展教育为强国之本，读书学习乃爱国之基！春节快乐！

235

春节不忘读书

请你查对自己阅读书籍习惯之心态；

喜欢阅读言情小说的人：感情丰富，洞察力强，遇事不疑；

喜欢阅读传记文献的人：深思熟虑，谦虚好学，踏实勤奋；

喜欢阅读喜剧书籍的人：乐观自信，克难奋进，快乐人生；

喜欢阅读报刊新闻的人：意志坚强，看重现实，博学进取；

喜欢阅读画报画刊的人：兴趣盎然，热情好客，爱交朋友；

喜欢阅读侦探书籍的人：敢于挑战，逻辑性强，善解难题；

喜欢阅读历史书籍的人：寻求真理，为国担责，忧国忧民。

气质之美，是内心的修养：学识充盈，是成功的根源。

236

感知春节的快乐

传统新春佳节，大家从张灯结彩、百年祝福、聚餐豪饮、互赠红包礼品、鞭炮烟花齐鸣中感受快乐！其实春节快乐文化还有更深的含意：

孝敬父母，珍爱晚辈，体贴他人，心存感恩，感激生活。

体验岁月，笑口常开，品时学习，观赏文艺，扶正德性。

心态欢乐，看重自己。

成功是得到你通过创造所得到的，

快乐是感知你健康心态所拥有的。

237

体验春节的幸福

愿你的微笑如浪，掀起层层波澜；

愿你的欢乐如雨，泛起阵阵涟漪；

愿你的开心如火，燃放熊熊烈焰；

愿你的幸福如歌，唱出无限生机。

我们一定要把握好自己的幸福指数：

举止高雅，谈吐文静，胸怀宽大，行为得礼，

专注爱好，充满自信，对人亲善，敬人如宾，

心灵美好，婚姻和谐，内心宁静，仰望星空。

知识要勤学，道德要修养，幸福就是心理的秀美。

238

期盼春节的美满

用科学的眼光看待世界，世界是美好的；用厚德的行为治理家事，才能创建美满的家庭。

尊重生命，真诚爱家；家国为本，学习当家；敬老爱幼，勤劳兴家。

家庭和谐，心孝治家；身心健康，科学发家；遵纪守法，行为护家。

构建美满，世代传家。

家乃国之细胞，家庭美满实为国家之美丽矣！

239

新春财源广进

钱财多少都是身外之物，唯有心灵的富有，才能真正财源滚滚：

美好理想是财富，精神充实是财富，心灵善良是财富，

道德高尚是财富，人脉关系是财富，勤奋学习是财富，

爱岗敬业是财富，科学管理是财富，创新发展是财富，

生态环境是财富，身体健康是财富，婚姻美满是财富，

家庭和谐是财富，相信自己是财富。

智者不忧其钱之少，只忧其学识不变；贤者不忧其家之贫，只忧其国不富。人生的本质是幸福而不是金钱。

240

新春有好运气

运气并没有人们想象的那么神秘，好运气几乎都在自己的掌控之中，只要你：

有相关知识的储备，有挑战胆量的锤炼，

有排除干扰的勇气，有上下关系的和谐，

能发现创新的机会，能树立良好的形象，

能听从本能的召唤，能期待美好的未来。

只要你具有不怕受挫折的态度，静待好运结果的出现吧。

241

新春佳节的感受

春节假期马上要过去了，归纳一下自己的感受：

自己爱学才能感知人生的快乐；

自己知足才能品位生活的幸福；

自己善良才能体验家庭的美满；

自己勤劳才能享受真正的富有；

自己创造才能获得运气的亨通；

自己自信才能取得事业的成功。

242

情人节有感

瑞雪梅中飘，春风柳尖吹，

银蛇天宫舞，华夏美梦飞；

每年情人节，今日又回归，

恭祝有情人，温馨能不醉。

243

常态生活好

把不大不小的事情办得美满；把不忙不闲的工作干得出色；

把不高不低的职位当得无憾；把不贵不贱的朋友交得深厚；

把不丑不俊的伴侣处得和顺；把不忧不劣的子女教得乐观；

把不多不少的收入花得妥当；把不深不浅的恩德记得牢靠；

把不咸不淡的日子过得精彩；把不紧不慢的问候传得及时。

244

自行自善出真功

天善地，古善今，乐善寿，善养福，忍养安，

诚善誉，礼善和，孝善德，荣善财，动善身，

问候善情谊！

245

学习毛泽东箴言有感

1.以一当十是我的精神，以十当一是我的实力。

2.从最坏的可能着想，总不会吃亏。

3.我自己曾经有过处于少数地位的情况。在这种时候，我所能做的就是等待。

4.要特别强制地省察自己的弱点，方有出路。

5.老虎屁股摸不得，十个就有十个要失败的。

6.愈是不怕人家批评，人家的批评可能愈少。

7.每个人都是忧患与生俱来的，我们的日子不要靠老资格吃饭。

8.如果要看前途，一定要看历史，忘记历史是危险的。

246

知识创新才伟大

用青春赚来的钱，用生命换来的钱，用时间挣来的钱，用骗术索来的钱，都不能给一个人带来任何好处，只有用自己勤劳和知识创新获得的价值，才是人生的真正拥有。

247

自省做好人

难受不过人气人，生气不过人比人，

感动不过人疼人，温暖不过人帮人，

和谐不过人让人，幸福不过人爱人，伟人不过人敬人。

生活多彩，做人有度，一切都在掌握中。

248

自我解放好

放下压力，放下烦恼，放下自卑，放下抱怨，放下犹豫，放下包袱，放下私心，放下狭隘，放下懒散！

大雅遇俗，大详尽土，

精通世故，返璞归真。

249

爱的真谛

爱是付出而不是索取，爱是关怀而不是宠溺，爱是包容而不是放纵。

只有风雨同舟，共同承担，互相扶持，相互尊重，心心相印，不离不弃才是爱的美丽。

250

领导喜欢的人

把弯路走直的人是聪明的，他找到了捷径；

把直路走弯的人是豁达的，他多看了几道风景。

主动汇报工作，独立处理问题，

及时发现危机，胆大细心创新，

勤学实干结合，敢于承担责任。

251

修善有真功

天善地，古善今，乐善寿，善善福，忍善安，诚善誉。

孝养性，勤养富，学善智，爱善情，谦善盈，廉善正。

礼善和，动善身。问候善情谊！祝元宵节快乐！

252

尽孝要十问

1.问父母年轻时的美好梦想；

2.问父母初恋时的动人故事；

3.问父母相识时的相关趣事；

4.问父母以前的人生历程；

5.问父母现在的烦恼事儿；

6.问自己出生时的故事；

7.问自己会说的第一句话；

8.问自己第一次挨打的故事；

9.问父母曾经担心自己的事；

10.问自己姓名的由来。

寻根乃尽孝的源泉！

253

行孝报母恩

娘孕初月心胆寒，体虚感受似病缠；

怀胎二月神反复，茶饭不思体如棉；

时到三月容貌变，头又重来脚打转；

怀孕四月四肢生，双眼模糊胃发酸；

足了五月五脏全，腿腰疼痛食难吞；

半载六月心发慌，行走摇摆心打战；

腹内七月分七窍，食娘血肉身似瘫；

娘怀八月儿长全，坐卧不安怕风伤；

怀到九月分娩近，遍体难受饭懒咽；

满足十月儿见面，血浴儿身在临盘；

难言怀胎十月苦，恩重如山非一般；

生儿难关虽已过，养儿一日似熬煎；

连年忙碌心操碎，人人尽孝报母恩。

254

尽孝有十记录

一是记录父母的生日和出生地址；

二是记录父母的结婚纪念日；

三是记录父母对自己的爱；

四是记录整理自己儿时珍爱的礼物；

五是记录父母花在自己身上的钱；

六是记录自己最喜欢父母的地方；

七是记录自己曾经与父母争吵的内容；

八是记录父母双方的家训文化；

九是记录家庭祖辈等留下的典型故事；

十是记录父母兴家立业攻难克艰的事例。

记录是尽孝的依据！

255

尽孝要十陪伴

一是陪伴父母到他们出生地怀旧；

二是陪伴父母在重要节日聚餐；

三是陪伴父母定期打扫家庭卫生；

四是陪伴父母到商店购买商品；

五是陪伴父母每年照一次全家福照；

六是陪伴父母年年做一次体检；

七是陪伴父母定期泡脚或按摩；

八是陪伴父母定期到公园观景或逛街；

九是陪伴父母观赏文艺演出；

十是陪伴父母外出旅游。

陪伴是尽孝的行动！

256

尽孝有十自觉

一是自觉为父母亲捶背；

二是自觉为父母亲理发；

三是自觉为父母亲做饭菜；

四是自觉为父母亲生日送上蛋糕和礼物；

五是自觉请父母亲去餐馆喝上一杯；

六是自觉为父母亲制作相册并定期翻阅相册；

七是自觉为父母亲定制衣服；

八是自觉吃光爸妈为自己做的饭菜；

九是自觉将孙儿辈领来让父母亲看看；

十是自觉向二老求教工作上的疑难。

自觉是尽孝的境界！

257

尽孝要十到位

一是要做到经常回家看看；

二是要做到不能给父母带来精神压力；

三是要做到将父母亲的照片和全家福做成台历；

四是要做到把父母珍视的物品买回来；

五是要做到自己生日那天送父母礼物；

六是要做到帮助父母完成心愿；

七是要做到及时了解和解除父母心头烦恼；

八是要做到经常报告自家的平安；

九是要做到帮助父母使用电脑和手机；

十是要做到将父母亲有社会意义的活动拍成视频。

能做到是尽孝的誓言！

258

尽孝坚持十个持久

一要持久不忘常挽着爸妈胳膊逛逛街；

二要持久不忘常和爸妈享受爱好；

三要持久不忘以自己的孝心示范教育自己的孩子；

四要持久不忘鼓励父母完成心愿梦想；

五要持久不忘经常领着孩子拜见父母；

六要持久不忘将孩子们的品学优点告诉父母；

七要持久不忘过好自己的日子让二老放心；

八要持久不忘将二老身体状况放在心头；

九要持久不忘及时了解父母的行动；

十要持久不忘将自己的外出计划及时报告二老。

持久是尽孝的良心！

259

尽孝有十个观察

一是观察父母脸上的皱纹增加了多少；

二是观察父母头上的白发出了多少；

三是观察父母眼睛视力下降了多少；

四是观察父母牙齿已经脱落了多少；

五是观察父母的听力减退了多少；

六是观察父母的体力下降了多少；

七是观察父母走路时是否利索自如；

八是观察父母讲话语言是否有条理；

九是观察父母穿衣举手抬脚是否困难；

十是观察父母睡眠是否正常。

细心与牵挂是尽孝的真诚！

260

尽孝十个要想到

一是想到不爱护自己的身体将成为父母的心病；

二是想到自己小家庭不和睦将使父母心焦；

三是想到不爱学习不求上进会使父母心急；

四是想到自己工作懒散会让父母心烦；

五是想到自己不善于处理社会人缘关系会让父母感到心虚；

六是想到自己若不能教育好子女将使父母心劳；

七是想到因为自己不节俭、乱花钱会让父母心痛；

八是想到因处理不好婆媳翁婿关系会成为父母的心事；

九是想到因为自己不能开创事业新局面而难圆父母心愿；

十是想到分家产出现混争局面让父母难过心寒。

想到是尽孝的高明！

261

尽孝牢记十句话

一、孝是人性美德的本质；

二、孝是忠的前提和基础；

三、不孝亲不可能忠于国家；

四、孝是爱民的道德基础；

五、不爱自己的父母怎会爱人民；

六、不孝是对家庭的最大伤害；

七、孝的传承是家族兴旺的文化命脉；

八、不孝的人什么坏事都可能干得出来；

九、孝者德矣，家庭美满幸福；

十、忠孝合一，家国和谐美丽。

以孝治家国是人类的优秀文化！

262

孝道有十个不能

一是不能以功利和金钱来衡量对父母亲的赡养任务；

二是不能以任何理由减少和放弃对父母的孝敬；

三是不能因父母亲的矛盾而选边站扩大裂痕；

四是不能用挑拨的语言制造亲情中的对敌情绪；

五是不能因父母离异而影响对双亲的感情；

六是不能用排斥的办法去对待后妈或后爸；

七是不能用冷漠的态度放弃对三亲的孝敬；

八是不能用指责的语言同父母亲谈话；

九是不能因某种危机而选择自残自杀；

十是不能因任职掌控权力而对人民放肆妄为。

孝道是人类社会优秀的政治观念！让孝道成为一种习惯！让孝道成为一种榜样！

263

赞美士

端庄大方的气质，仪态万方的尊荣，淳朴亲切的风范，美丽内涵的善良，温柔内蓄的坚强，活力向上的风格，甜美轻盈的旋律，高贵时尚的伟力。

264

三八美士赞

尊敬的各位美女、才女、淑女、学女、商女们：

祝愿你们将美女的温柔、才女的阳光、淑女的端庄、学女的智慧与文明献给美丽中华！在实现中国梦的奋斗过程中，青春更靓丽！贤惠暖人心！风韵永留存！魅力无极限！财富满万贯！

265

学习中国梦，创造世界新文明（一）

孙中山"世界第一"的中国梦：

他讲要把中国建设成为世界最强之国，富甲天下之国，政治最良之国，民众最快乐之国。他在《建国方略》中说道："中国人民之聪明才智自古无匹，承五千年之文化，为世界所未有，千百年前已曾为世界之雄矣。"

学习美国，超越美国。

266

学习中国梦，创造世界新文明（二）

毛泽东"超英赶美"的中国梦：

他讲："我们的目标是要赶上美国，并且要超过美国。究竟要几十年，看大家的努力，至少50年吧，也许75年，哪一天赶上美国超过美国，我们才吐一口气。""我们的党是伟大的党，我们的人民是伟大的人民，我们的革命是伟大的革命，我们的建设事业是伟大的建设事业。""世界上四个人中间就有我们一个人，这么不争气，那不行，我们一定要争这一口气。"

赶英超美，要进行科学大发展。

267

学习中国梦，创造世界新文明（三）

邓小平"韬光养晦"的中国梦：

他是我国改革开放的总设计师，他以"韬光养晦"的大智慧，围绕"建设社会主义现代化强国，使中国成为世界第一"进行设计，其内容包括：一条基本路线，三个奋斗阶段，一个和平发展大战略。他讲："现在我们干的是中国几千年来从未干过的事，这场革命不仅影响中国，而且会影响世界。""从现在起到21世纪中叶，将是很要紧的时间，我们要埋头苦干。我们肩膀上的担子重，责任大啊。"

向世界第一冲刺。

268

学习中国梦，创造世界新文明（四）

世界预测中国梦：

日本提出："如何与中国这个巨无霸邻居相处？"

美国预计："到2027年中国的经济规模将超过美国，到2050年，将会是美国的两倍。"

英国表述："北京将成为世界之都，上海也将取代纽约成为国际金融经济的中心。"

全球经济学家讲："中国经济总量将会超越美国，重塑世界格局。超越没有悬念，只是时间问题。"

269

学习中国梦，创造世界新文明（五）

中国梦成为现实的伟大意义：

一是说明发展中国家可以成为发达国家，甚至能超过发达国家；

二是说明中国特色社会主义的优越性；

三是说明东方文化也能引领世界发展；

四是说明我们中国人也是世界的优秀民族；

五是证明西方先期形成的地缘优越感破灭。

发展中国将会造福人类。

270

学习中国梦，创造世界新文明（六）

圆"中国第一"梦想的基本条件：

一要立"中国第一"的志向；

二要做"中国第一"的贡献；

三要尽"中国第一"的责任；

四要储备"中国第一"的人才。

当头号强国，要有战略准备！

271

学习中国梦，创造世界新文明（七）

认清世界超级大国的真实脸谱：

近代500年超级大国百年轮一回。殖民型的大国：16世纪的葡萄牙；17世纪的荷兰；18和19世纪的英国。20世纪美国转型为霸权型的超级大国。21世纪一定是中国这个引领型的超级大国为人类文明做出新的贡献！

强大中国，不搞霸权，道德高尚，可亲可敬！

272

学习中国梦，创造世界新文明（八）

领袖国家的七大社会价值：

一是推动文明新进步；

二是开辟历史新时代；

三是建立世界新秩序；

四是引领世界新潮流；

五是创造发展新奇迹；

六是构建优越新模式；

七是财富增长甲天下。

大国崛起，造福人类！

273

学习中国梦，创造世界新文明（九）

评价当代中美两国的作用：

中美两国博弈注定是一场文明的较量，因为美国是当代最不文明的霸权主义国家，中国是最文明的崛起的社会主义国家。中国崛起，世界一定会受益。建设世界新文明是中国的使命，也是美国的责任。

反对霸权，创建和谐！

274

学习中国梦，创造世界新文明（十）

世界人民对霸权主义的痛恨：

霸权是世界和平的最大威胁！是世界和谐的最大危害！是世界合作的最大障碍！

霸权衰国，霸权误国，霸权亡国。

275

学习中国梦，创造世界新文明（十一）

中国文明崛起，登上世界领袖地位的有利条件：

一是中国在历史上没有侵略别国的先例；

二是中国有五千年优秀文化与道德的基因；

三是中国有做领袖国家的履历与经验；

四是中国有和平崛起的伟大战略。

不搞霸权，崇尚友善！

276

学习中国梦，创造世界新文明（十二）

中国文化软实力将会引领世界：

心运者学，学者拥有未来。

中华五千年源远流长、博大精深的文化是世界上最难被同化的文化，几百年来抵制住了"欧风美雨"的各种侵变；

中国高举和平、发展、合作、建设和谐世界的旗帜，得到了世界各国人民的认同；

中国有几千年形成的仁义友善的传统精神，还有几十年战争年代的革命精神，加上近四十年改革开放的创新精神。

弘扬文化，高举旗帜，坚守精神！

277

学习中国梦，创造世界新文明（十三）

中国人的天性是宽容、友好，立志于和平，以礼待人：

济弱扶困的东方文化的本质内涵是王道，主张仁义道德，用正义公理感化人；

弱肉强食的西方文化的本质内涵是霸道，主张功利强权，用洋枪大炮压迫人。

仁慈善良的中国，引领世界的民族！

278

学习中国梦，创造世界新文明（十四）

美国崛起的经验：

第一步是华盛顿的孤立主义。在崛起之初，不参与欧洲纷争，也不受欧洲牵制，实行守成战略。

第二步是罗门的排欧主义。反对欧洲国家在美国夺取殖民地和干涉美洲事物，实施美洲地区霸权战略。

第三步是马汉的海权论。使美国的美洲地区霸权扩展为建立太平洋帝国的海洋战略。

第四步是罗斯福的世界主义。美国利用20世纪的两次世界大战机遇，趁欧洲被严重削弱而走上称霸世界的战略目标。

279

实现中国梦，创造中华新文明（十五）

中华儿女优秀性格的伟大魅力：

1.热爱和平而不黩武的和平性格；

2.国力强大而不征服的和谐性格；

3.资源紧张而不扩张的友好性格；

4.自卫防御而不先发的仁义性格；

5.文明包容而不冲突的包容性格；

文明之国、仁义之国、王道之国。

280

实现中国梦，创造中华新文明（十六）

美国人应该对中国有八个放心：

一是中国和美国之间不会有"珍珠港事件"发生；

二是中国不会用武力挑战世界，不会对美国打第一枪放第一炮；

三是中国不会与美国搞冷战；

四是中国不会在任何时候误炸美国大使馆；

五是中国不会用军用侦察机到美国西海岸搞撞机事件；

六是中国不会插手美国哪个地区闹独立闹分裂而卖武器给他们；

七是中国不会对美国推行"东化""分化"战略，搞和平演变；

八是中国不会组织任何有形或无形的针对美国的"同盟"与"联盟"。

281

实现中国梦，创造中华新文明（十七）

实现中国梦的先期过程要警惕美国的阴谋与陷阱：

一要警惕美国向中国输出意识形态，让中国乱起来；

二要警惕美国设置经济陷阱，用金融战争卷走中国人的血汗钱；

三要警惕美国搞军事阴谋，在中国周边热点问题上让中国打败仗；

四要警惕美国设置外交陷阱，制造矛盾，形成对付中国的国际联盟。

我们要高举合作论、友好论、伙伴论的大旗，以此去反对和警惕美国的遏制论、阴谋论、陷阱论。

抗争中感受过，交往中体验过，奋斗中亲历过。

282

实现中国梦，创造中华新文明（十八）

警惕美国对中国大战略的核心目标：

一在意识形态上"西化"中国；

二在国家实力上"弱化"中国；

三在国家地位上"矮化"中国；

四在国家复兴上"滞化"中国；

五在国家形象上"丑化"中国；

六在国家领土上"分化"中国。

我们要用中国的和谐文化来抗击美国的霸权文化。

283

实现中国梦，创造中华新文明（十九）

21世纪，实现中国梦，必须打破美国的遏制：

1.因为美国遏制中国是它本质的必然选择。在历史上美国遏制日本不客气，遏制苏联不留情，在应对中国崛起的问题上，美国是不会立地成佛的。

2.因为美国遏制中国有它高度的技巧性。美国对日本是经济遏制，对苏联是全方位遏制，对中国是在密切联系与合作中的遏制。

3.美国遏制中国具有世纪博弈的持久性。美国对中国的遏制一定是一场持续的博弈，是一场马拉松式的竞争。

4.中国迎战美国的遏制要有战略上的创造性。美国是一个创新性的国家，21世纪中国要有可破解美国遏制的战略创新和创造。

日本失败和苏联解体的教训一定要牢记。

284

实现中国梦，创造中华新文明（二十）

充分认识美国在历史上遏制崛起国家的手段：

一是美国对潜在竞争对手往往把意识形态放在第二位，而将国家利益和国家地位放在第一位。

二是美国在国家之间的战略竞争中，往往都使用各种阴谋，设置各种陷阱，使你上当受损。

三是要在与美国战略竞争中取得胜利，从根本上取得主动权，真正成为胜利者，其决定因素是切实发展自己。既要看清对手的阴谋，更要加速自己的发展，发展是硬道理。

285

实现中国梦，创造中华新文明（二十一）

中国应对美国遏制的办法：

一、实施"善良崛起"。使美国难以把中国简单地定为美国的敌人，使其难以对付这个善良的对手、文明的对手。

二、坚持"柔性崛起"。使美国感到中国如同流水行云，难以阻挡，让美国的霸道不易在柔性、谋略、文明面前发挥威力。

三、进入"体内崛起"。主动融入世界，与国际接轨，与美国在同一个体系内发展运行，使美国遏制中国找不到借口和把柄。

四、实行"互利崛起"。把中国崛起和美国繁荣捆绑在一起，使损人利己的美国在遏制中国时，损了中国就不能利美国，把中美搞成利益共同体。

发展才能自强，实干才能兴邦。

286

实现中国梦，创造中华新文明（二十二）

美国能与中国合作是遇上了好运气：

1.因为中国自古以来就是一个不扩张、不侵略的世界上最文明的大国，在世界上是独一无二的；

2.因为中国从来没有做任何一件伤害美国的事，在世界各大国中也只有中国一家；

3.因为中国是世界上没有敌国的国家，也没有一个国家能够把中国作为它的敌人。

天下无敌，朋友四海。

287

实现中国梦，创造中华新文明（二十三）

英国历史学家汤因比在《展望21世纪》中说："世界统一是避免人类集体自杀之路。估计世界的统一将在和平中实现。在这点上，现在在各民族中具有最充分准备的就是在两千多年来培育了独特思维方法的中华民族。"

我们从西方和东方的文化特点就可以看出世界未来的发展方向。

西方国家的霸道文化：强权、侵略、占领、殖民、掠夺、自私、残暴。

东方中国的王道文化：高尚、和平、文明、合作、友好、慈善、奉献。

288

实现中国梦，创造中华新文明（二十四）

从当今世界各国所使用的语言文化现象就可以判断中西文化的历史演变过程：

讲英语的45个国家，讲法语的20多个国家，讲西班牙语的20多个国家，讲俄语的15个国家，讲德语的3个国家，讲汉语的只有中国一个国家。

说明中国从来没有侵略过别人，没有扩张过自己，没有殖民过别国。中国自古就是文明之邦、礼仪之邦、仁义之邦、诚信之邦、防御之邦。

289

实现中国梦，创造中华新文明（二十五）

中国历史上是一个英雄的中国：

一、秦始皇。他集中了春秋五霸、战国七雄等长期征战的尚武传统，实现了中国的统一。

二、汉武帝。他既热爱和平，又不怕战争，他用防御性的和亲文化和进攻性的征战文化，消除了民族生存的忧患。

三、唐太宗。大唐的疆域之大、财富规模之大、向世界开放的胸怀之大，形成了盛唐万国来朝。

为当代建功勋，为千秋留基业。

290

实现中国梦，创造中华新文明（二十六）

英国学者马丁·雅克是这样看待中国的：

1.中国成功实现了经济快速发展，所实行的政策发展了马列主义；

2.中国是一个世界大国，综合看中国比美国和印度更有大的发展优势；

3.中国在如此庞大的地区和人口规模上真正有效地运行自己创造的一种不同于西方鼓吹的民主制度；

4.中国的政策具有少有的连续性，面临危机和剧变，能迅速调整方向；

5.中国的政体不仅具有非凡的历史延续性，而且也有卓越的创新能力。

共产党孕育了新中国，改革开放复兴了新中国。

291

实现中国梦，创造中华新文明（二十七）

中国梦是人民的梦，是人民对美好生活的向往，是人民对人生出彩机会的渴望的汇总：

一、有更好的教育；

二、有更稳定的工作；

三、有更满意的收入；

四、有更可靠的社会保障；

五、有更高水平的医疗卫生服务；

六、有更舒适的居住条件；

七、有更优美的生活环境；

八、有更和谐的政治社会关系；

九、有更安全的生活与工作条件；

十、有更清明廉洁的政府办事机构；

十一、有更优秀的执政为民的官员；

十二、有更高素养爱国拥政的公民；

十三、有更强大的国防军队；

十四、有更安全的国际环境。

要多谋民生之利，多解民生之忧，

要多立兴国之志，多献爱国之力。

292

实现中国梦，创造中华新文明（二十八）

有梦想的人，是幸福的人：

梦之想，是追求；梦之想，是激情；梦之想，是奇妙；

梦之想，是快乐；梦之想，是锐气；梦之想，是动力；

梦之想，是蓝图；梦之想，是想象；梦之想，是愿望；

梦之想，是理想；梦之想，是朝阳；梦之想，是家园。

舌尖安全，嘴角灿烂，天空湛蓝，空气新鲜，政府清廉，社会和谐，美丽中国，人民安康，世界和平。

293

实现中国梦，创造中华新文明（二十九）

伟大的梦想，需要伟大的精神支撑：

中国梦是数千年的积淀，

是近百年的回响，

是亿万人民的渴望。

以和平文明筑梦，自力更生圆梦。

294

实现中国梦，创造中华新文明（三十）

牢记中国梦的伟大历程：

从硝烟弥漫的革命年代，

到激情燃烧的建设岁月，

再到波澜壮阔的改革时期，

真是来之不易，我们要倍加珍惜，还要始终不渝，拼力前进。

中国梦是我们共同经历的非凡的战斗，

是我们共同创造的美好家园，

是我们共同培育的民族精神，

是我们共同坚守的理想信念。

295

雪梅映红中国梦，

紫燕衔绿万家春；

五湖庭庭家国梦，

四海朝朝总相思。

296

心静者高，高者俯览世界；

心和者仁，仁者包容万物；

心慈者深，深者淡定人生；

心慧者爱，爱者笑对天下；

心运者学，学者拥有未来；

297

南理梦

江西三都樟树城，教育旗手邱小林；

科教兴国立壮志，军魂育人写新篇。

跟随主席跨三洲，威震全球留英名；

此次出访非一般，取得真经为人民。

贺邱小林同志随国家领导人访问俄罗斯、南非、坦桑尼亚、刚果。

298

学习梦、读书梦、文化梦

（1）南理梦感怀

九九立志创航天，教育报国筑梦想；

三年勤奋升大专，美丽神奇名声扬；

五载拼搏登南理，华夏教堂有大名；

零九获批授学位，学子头上戴皇冠；

本科评估立新标，硕士试点攀新岸；

心中长存博士梦，教育无限谱华章。

299

（2）

人生皆有梦，满腔报国情；

做人孝为先，敬老乃天性；

勤学非凡志，读书育精英；

纵观人中杰，忠孝学是本。

300

（3）学有十有

一是言之有己，写己所思，讲己所想；

二是言之有信，要讲真话，说到做到；

三是言之有情，感动自己，启迪他人；

四是言之有理，明言哲理，画龙点睛；

五是言之有神，要有高度，更有深度；

六是言之有趣，风趣幽默，旁证博引；

七是言之有典，引经据典，阅之厚重；

八是言之有势，气势磅礴，不可抵挡；

九是言之有约，惜墨如金，文短极致；

十是言之有用，醒世惊言，学之管用。

301

（4）

梦之学在心，先正其身，修养的人生；

梦之学在情，情为民亲，亲民的人生；

梦之学在理，哲思明理，理想的人生；

梦之学在信，笃学必行，诚信的人生；

梦之学在义，人之相惜，和谐的人生；

302

（5）

梦之学在趣，博爱广思，高雅的人生；

梦之学在能，储知待发，多彩的人生；

梦之学在约，贯通如金，奋斗的人生；

梦之学在用，学以致用，务实的人生；

梦之学在动，万物皆变，健康的人生；

303

（6）

梦之学在乐，登高望远，快乐的人生；

梦之学在恒，持久必得，不变的人生；

梦之学在化，跨境入界，文化的人生；

梦之学在新，改变世界，创新的人生；

梦之学在明，感恩万物，幸福的人生。

304

（7）梦想是中华民族的灿烂文化

羿射九日，嫦娥奔月，精卫填海，愚公移山，万里长城，丝绸之路，郑和下西洋，红军长征，改革开放，和谐社会，民族复兴。

这些瑰丽的神话与美好的理想正是中华民族追求的梦想。

305

（8）

"天行健，君子以自强不息。"

梦想，一个惹人遐思的字眼；

梦想，寄寓对美好生活的向往；

梦想，如同璀璨的星光照耀；

梦想，可以忘记艰辛与痛苦；

梦想，使我们奋力拼搏与勇敢；

没有梦想的人生是暗淡的，

没有梦想的民族是悲哀的，

没有梦想的社会是沉闷的，

没有梦想的时代是乏味的。

306

（9）

"饭可以一日不吃，觉可以一日不睡，书不可以一日不读。"——毛泽东

"书犹药也，善读可以医愚。"——刘向

307

（10）

"好的书籍是最贵重的珍宝。"——别林斯基

只有刻苦学习，才能从知识的海洋里不断吸取生命的营养。

308

（11）

循序渐进，熟读而精思。"读书有三到，谓心到、眼到、口到……三到之中，心到最急。"——朱熹

309

（12）

读书要勤。持之以恒，勤奋出真功。

苏轼讲："奋发识遍天下字，励志读尽人间书。"李苦禅说："鸟欲高飞先展翅，人求上进先读书。"

310

（13）

读书要德。好书是航标，是良师。

臧克家讲："读过一本好书，像交了一个益友。"郭沫若说："韬略终须建新国，奋发还得读良书。"

311

（14）

读书要博。博文强记，运用自如。

杜甫讲："富贵必从勤苦得，男儿须读五车。"郭沫若说："读不在三更五鼓，功不怕一曝十寒。"

312

（15）

读书要情。激情满收，为报效祖国而读书。

古人曰："好男儿当读书、修为、齐家、治国、平天下。"古人把读书放在男儿一辈子要干的五件大事的首位，可见读书之重要。

313

（16）

读书要精。刻苦精读达到忘我的境界。

陶渊明讲："好读书，不求甚解，每有会意，便欣然忘食。"

欧阳修说："君子之学也，其可一日而息呼？乃知学在少，老大不可强。"

314

（17）

读书要钻。端正学风，为真学真用而苦心钻研。

朱熹讲："少年不学老难成，一寸光阴不可轻。"知识不比别的东西，你不认真钻研，它绝对不会自动飞到你的脑子里来。

315

（18）

读书要专。只有专注，真信苦学，才能独树一帜。

英国培根讲："读史使人明智，读诗使人灵秀，数学使人周密，自然哲学使人深邃，伦理使人庄重，逻辑修辞使人善辩。"

316

（19）

读书要正。求学要与社会发展同步，不可逆潮而动，学者正之。

苏轼讲："博观而约取，厚积而薄发。""书富如入海，百货皆有。人之精力，不能兼收尽取，但得其欲求者乐。故愿学者每次作一意求之。"

317

（20）

读书要静。静中可品味和分享文化的魅力。

读书与作者心灵共鸣，寻觅到知音后会静心一笑，还可以从中获取知识，释疑解惑，从豁然开朗中静静品味。"众里寻他千百度，蓦然回首，那人却在灯火阑珊处"的自乐；另外好书中的语言之美、意境之美、文字之美，成为冥冥中的"知己"就不足为怪了。

318

（21）

读书有乐。不但可以丰富人的精神世界，还可以延寿。

读书之乐得于目，富于心，延于寿，愈久愈深。书中有秦汉的冷月，唐宋的乐舞，明清的悲歌，革命岁月的激情，中外大师的教诲，将世事沧桑、人生百态尽收眼底，瞬间完全进入了心灵被净化的状态，使人乐而不舍。

319

（22）

读书要雅。从书中获取高雅人生的营养。

以书为伍，用文化作伴，少一份浮躁，多一份清纯，少一份庸俗，多一份儒雅。这样就仿佛与圣贤相对而坐，聆听教诲，从而感到心灵充实丰盈，思想豁然开朗。

320

（23）

读书育德。社会上往往都是人以群分，情以德聚。

德之伟力大于宗教，胜于亲情，德可获众，德可兴家，德可治国，德可引领人类社会未来发展的方向。德之来源植根于学习与书本文化之中。

321

（24）

读书聚财。知识是最大的财富。

古人讲："书中自有黄金屋。"人的头脑中的知识是最保险的财物，人之读书学习所形成的优秀文化与科技知识是打不倒的伟力，它一定会影响自己的后代和社会中的人群，还会造福人类。

322

（25）

读书养身。激励生命，焕发青春，文化知识是人生的清鲜剂。

古人说："书中自有颜如玉。"就是精心读书学习不但可以治愚养颜，开发智力，思维活跃，更可以养心，增长斗志，热爱生活，抵抗疾病，延年益寿，长盛不衰。

323

学习无止境

（1）

变革是21世纪的主题，学习是21世纪的要务。

认识和适应变化是一个严峻的课题，唯一的动力只有学习。

324

（2）

当今世界唯一不变的是变化，所以当今世界各行各业的竞争本质就是学习。你永远不能休息，否则你永远休息。

325

（3）

我们必须善于发现变化，又要善于适应变化，要在变化中向变化学习。学习是人生的全过程，学者获感悟，习者练技能，学习育德性，学习创美好，学习树国威。

326

（4）

人们要充实和发展自己，实现自己的价值，要活出意义，要学习，使学习成为生活中至关重要的因素。

327

（5）

未来唯一持久的优势是有能力比你的竞争对手学习得更快更好，并且是将所学习的知识运用自如而又有创新的人。

328

（6）

每个人都得以不断突破自己的能力上限，创造真心向往的结果，其根本动力来于自己的学习能力。

329

（7）

学习型人才的五项修炼：

1.要有自我超越的境界，实现心灵深处的渴望；

2.要有改善自己心智的模式，用新眼光看世界看自己；

3.要建立美好远景的计划，打造自己生命的全过程；

4.要实施人生的系统思考，既要见树又要见林；

5.要有终身学习的蓝图，锲而不舍地打造学习的人生。

330

（8）

学习的目的就是全身心地投入到自己的事业中去；

学习的意义就是真实有效地理解人生的真正价值；

学习的追求就是创造自我扩展报效社会的能量。

331

（9）

中国是一个崇尚学习之邦，人们谈论最多的是学习，思考最多的是学习，投入最多的还是学习。在世界飞速巨变中，一场轰轰烈烈的学习运动号角已经吹响了！中国梦只有在学习大潮中实现。

332

（10）

实现全面建设小康社会重大战略任务的根本保障是打造和形成全民学习、终身学习的学习型社会。因为学习是创新的源泉，是决定社会成员高雅素质的基因，是决定经济增长和社会发展动力所在。

333

（11）

勤奋读书学习，是一种英雄气概，是一股润育生命的营养。勤奋读书学习，可以总揽历史与现实，阅尽人间世事盛衰，可以感天动地。勤奋读书学习是一种学者精神，在追求和探索中点亮自己的心灵。勤奋读书学习，使你的灵魂更崇高，生命更光彩。

334

（12）

用立法形式加快向终身学习化社会观念转变；1970年联合国提出"向学习化社会前进"的理论与目标；1972年法国通过了《终身教

育法》；1976年美国通过了《终身学习法》；1990年日本通过了《终身学习振兴法》；1994年西方七国首脑会议正式提议"通过较好的教育和培训，发展一个终身学习的文化，对人增加投资"；1994年11月在意大利罗马第一次召开世界终身学习会议；1997年3月在加拿大渥太华第二次召开世界终身学习会议，提出"终身学习是21世纪生存概念"的思想；2001年5月我国在亚太经济合作组织人力资源能力建设高峰会上提出"构筑终身教育体系，创建学习型社会"的号召；2001年5月我国召开了首届学习型组织研讨会；2009年9月首届学习型组织国际研讨会在北京召开。

335

（13）

读书、励学是每个人健康成长的助推器，发展前进的导航针，直接影响到自身的品格修养和精神境界，更关系到整个民族的素质与活力，关系到一个国家的盛衰与兴替。

336

（14）

一本好书像一艘船一样，能把你带往远方，一首美妙的诗行，像一匹骏马那样使你激情万丈．优秀文化就是人类不可缺少的精神食粮。

337

（15）

读书，会使人胸襟开阔、目光远大；读书，能够活跃思维，陶冶性情。忠厚传家久，诗书继世长。

338

（16）

我们相信书本里存有一个离现实生活很远的神奇世界，打开这些书，我们就能在那遥远的地方尽情地游历。世界因阅读书籍而欢乐，人们因读书而伟大。

339

（17）

真正的读书需要耐心，需要毅力，更需要有挑战未知领域的激情！读书不是一趟很近又很美丽的路程，而是要有倾注自己的良知、责任和状态的博大雄心。

340

（18）

读书就像登珠穆朗玛峰一样，要经历一番苦痛的磨炼，攀登之后，才会有登顶之快乐。而在登山过程中的种种艰难，却可以让你停住脚步盘桓良久，欣赏到沿途的奇异风景，最后直达顶峰，世界为之一新，社会获得沉甸甸的收获。潜心读书，乐以忘忧。

341

（19）

学习可以益智，学习可以修身，学习可以资政，学习可以强世！世界一切知识只有从学习中才可寻得。

　　书本是改变命运的知识库，学习是造就财富的黄金屋。知识是人生的护身符！我们要为中华之崛起、实现中国梦而勤奋读书。

342

（20）

学习是文明传承之途，学习是人生成长之梯，

学习是修身齐家之本，学习是政党巩固之基，

学习是国家兴盛之要，学习是社会和谐之纲，

学习是描绘人生之美。

343

（21）

阅读是一种力量，

决定个人的学习力，

决定个人的思考力，

决定个人的实践力，

决定国家的文化力，

决定国家的精神力，

决定国家的创造力。

344

（22）

阅读书籍可以点亮炎黄子孙的美好梦想，

阅读书籍可以打牢国家的文化根基，

阅读书籍可以造就民族的心灵高地，

阅读书籍可以提升民众的精神气质。

阅读遍华夏，书香满中国。

345

（23）

让读书丰富我们的梦想：

要读对专业技能与工作有用的书，可以提升你的动手与决策能力；

还要读没有特别目的的无用之书，可以增添你的社会活动力与联动力；

还要读大自然的无字之书，可以使你心胸开阔，感悟你的奇思妙想；

更要读社会这本读不完的书，从思考中去领悟人间的真理。

只有这样你才能成为合格行业专家、社会活动家和思想家。

346

（24）

让书籍丰富我们的梦想，让书籍成为我们的智慧，

让书籍成为我们的梦想，让书籍变成我们的力量，

我们的中华梦在不懈学习中起航，在创新中远航。

347

（25）

学习一定开发智慧，实干才能梦想成真；

学习是知识的源泉，财富是劳动的回报；

学习破解各种难题，勤奋创造生命辉煌。

学习开辟视野，知识成就梦想。

348

（26）

中华民族是一个崇尚学习的民族。

"孔子学而不厌""颜回以学为乐""孟子随母三迁而学""凿壁借光而学""萤入疏囊苦学""悬梁刺股勤学"……只有从理论和知识的海洋中才能找到登高望远的思想阶梯。

349

（27）

学习的关键是自己的决心，无论你从事何种工作，都要把看书学习当作一种生活习惯来培养，都要把阅读书籍当作一种精神需求来满足，都要把遨游知识太空当作人生前进的阶梯去攀登。

这样你就会进入学海的天堂。

350

（28）

如果一个人心无读书定力，终日为应酬吃喝所累，为声色犬马所迷，为身外之物所惑，为人情世故所困，那就永远不会收获阅读的喜悦和成就。

351

（29）

一勤天下无难事，一学世上万事明。

劳动最光荣，学习最崇高，劳动最伟大，学习最美丽。

读书济世儿孙福，德耀门庭满族芳！

352

（30）

读书让我们生命阳光灿烂，

读书让我们前途风景如画。

读书可以树立"太平世界，环球同此凉热"的博大胸怀；

读书可以塑造"数风流人物，还看今朝"的豪迈气概；

读书可以产生"敢叫日月换新天"的宏伟壮志；

读书可以培养"先天下之忧而忧，后天下之乐而乐"的高雅人格；

读书可以造就"腹有诗书气自豪"的力挽狂澜的身手。

353

（31）

凯勒说："一本好书像一艘船，带领我们从狭隘的地方，驶向无限广阔的生活海洋。"

我们要真正把渴求知识、探求真理融入到生命之中，那就没有攀不上的高峰，没有成就不了的伟业。

354

（32）

读书让人拥有世界，可当今我国社会管理层人员调查得知，每周读书1—3小时的人占34%，每周读书3—6小时的人只占27.6%，有47.8%的受访者认为，当前社会管理层面的人员是"追求享乐，玩物丧志，不好读书"。这种现象是中华民族的最大危险。

355

（33）

人为严己者学，士为知己者死，女为悦己者容，马为策己者驰。

女人要美丽常驻，唯有读书。

男人要激情满怀，唯有读书。

只有埋头读书，才能出头创业。

356

（34）

你若在懒散懈怠，你就是在做梦，

你若在读书学习，你就是在圆梦。

只有自强不息的读书学习，

才能创造厚德载物的人生；

唯有教育先行的强国理念，

才能实现振兴中华的夙愿。

357

（35）

书本的妙用：给人以启发，给人以信息，给人以知识，给人以思想，给人以鞭策，给人以美德。

人生最大的遗憾，是在自己的青春年华时未能学得创造与改变人生的知识，如果能抓住生命的后半期继续学习，也一定会大器晚成，学习后的回报会给你带来真正的享受和幸福。

358

（36）

生命的五种选择：

挑选欢乐，可能带来的是虚妄、沮丧和悲伤；

挑选爱情，可能就是烦恼、泪花和后悔；

挑选名望，可能就是嫉妒、诽谤和迫害；

挑选财富，可能就是陶醉、满足和伪装；

挑选学习，一定就是高贵、甜蜜和新生。

读书学习到最后，是为了让我们更宽容地理解这个世界是多么复杂。

359

（37）

上等人安心于学，中等人安心于事，

下等人安心于物，劣等人安心于欲。

真正能给人带来享受的是读书养性。

360

（38）

一个人能走多远，要看他与谁同行，

一个人有多优秀，要看他有谁指点，

一个人能否成功，要看他能否与书为伴。

只有打造自己的文化特色，才能造就非凡的人生。

361

（39）

我们要盛赞图书馆，我们要热爱图书馆，我们要成为图书馆的信徒，图书馆集古今一切圣贤遗产之大成，是人类一切精神财富的宝殿，是人类思想的疗养院、精神的粮仓、人生的驿站和加油站。人间若有天堂，必定是图书馆的模样。到图书馆去读书学习，还可以帮助人们抚平心灵的创伤，摆脱精神困境。

362

（40）

读书是人的一种享受，是人的一种不可缺少的生活方式；读书能陶冶性情，函浩然之气，使人充实、明智、灵秀、周密、精邃、庄重、思辨。是我们每个人的智慧、灵感、创新之源。

363

（41）

古今中外无数事实可以证明：

　　思路清晰远比卖力蛮干重要；心态正确远比故作姿态重要；选对方向远比无序忙碌重要；静心学习远比钻营算计重要。

　　清高太过则伤仁，和顺太过则损义，精明太过则失友，唯有埋头苦学最可贵。

364

（42）

　　读书不能装假，一日不读书，无人看得出；一周不看书，开始露马脚；一月不读书，情智二商必定输；长期不读书，一定是悲剧。

365

（43）

　　钱可以买来书籍和学位，却买不来学问。

　　买书不难，能读可难，看书不难，读懂可难；

　　读书不难，能用可难，能用不难，活学活用可难。

　　读书要达到认识的高度、理解的深度、运用的精度。

366

（44）

　　善于包容的人，不知道什么是仇恨；

　　善于理解的人，知道朋友有多重要；

　　善于学习的人，明白有学问使人真幸福。

367

（45）

不是最真的感情，走不出最美的人生；

不是最纯的友谊，留不住最甜的回忆；

不是最铁的朋友，使不出最实的帮助；

不是最勤奋的学习，发不出生命的光彩。

368

（46）

反对五浮：思考问题浮浅，言行举止浮躁，工作作风浮漂，为人处事浮滑，读书学习浮夸。

博学致远，励学敦行。

369

（47）

原谅别人的错误，不一定全是美德，漠视自己的错误一定是愚蠢。踮起脚尖的人是站不久的，跨大步是走不远的，只有正视自己的错误，脚踏实地刻苦学习，一步一个脚印的人，才会立德远行。

370

（48）

成功越大的人，所遭受的委屈也越多，要使自己的生命活得精彩，你就不能太在乎委屈，对此你要学会一笑了之，超然待之，要从委屈中学习坚强，去创造更大的精彩。所以，无论顺境还是逆境，学习才是人生的唯一。

371

（49）

人生最大的错误，是用自己的健康去换取身外之物；人生最大的悲哀，是用自己的名声去换取个人的烦恼；人生最大的浪费，是将自己有限的学习时间消费在娱乐场所。德启文明求善化，自觉学习是蓝天。

372

（50）

真正的强者，不是通过不择手段地战胜别人而获得的胜利，而是要从别人的身上看到长处完善自己，真正的强者是一个向一切有利于自己发展的人和事学习的人，会学习的人才是伟大高尚的强者。

学者无敌，智者不败！

373

（51）

学习治家好：你烦恼，我相随；你快乐，我心醉；家和睦，人似仙，潇洒走人间；酒当歌，曲轻弹，霓裳舞翩翩；花儿美，碧水连，日月彩云间；梦成真，福禄全，不忘学习每一天。

374

（52）

发上等愿，结中等缘，享下等福；择高处立，就平处坐，向宽处行；从广度学，选高尚德，做平常人。

375

（53）

中国军人的骄傲：

南昌军旗军魂坚毅挺拔，能凌霜傲雪党领导武装夺取政权；

中国军人军歌斗志昂扬，要打仗能打仗打胜仗实现强军梦。

376

（54）

反复阅读一本好书，好比欣赏一栋优美的建筑。有如年少懵懂时站立在晨曦微光里好奇观看；有如中年成熟时站在正午艳阳里欣赏查看；有如老年不惑时站在朦胧月光里品味研看。不同的时期，一定有着不同的学习收获。

读书的奇妙，有着无分的未知。

377

（55）

一个国家的真正繁荣与强大，最关键的在于它的公民受教育的程度是否达标，全体公民自觉读书学习的习惯是否养成，公民的文明素养是否合格，人们的远见卓识的胸怀是否具备。这才是真正的厉害所在，真正的国力所在。这才是真正的富有，这就是国家的软实力。

378

（56）

慈孝是起家之本，和顺是齐家之本，勤俭是治家之本，学习是兴家之本。两条路曰读曰耕，二字箴言唯勤唯俭。

379

（57）

世界上最伟大的思想都藏在书本里，而要把这些伟大的思想都搬进自己的脑海里，最有效的方法就是买书、读书，身体力行地去奋斗。

380

（58）

生命在运动中，价值在勤劳中，幸福在事业中，财富在智慧中，快乐在奋斗中，成功在学习中。

不积跬步，无以至千里；不积小流，无以成江海。

381

（59）

智者的选择：一是多读书，增加知识和能力；二是广交朋友，借用别人力量壮大自己。强者更加注重前者，弱者更加喜欢后者，智者两样都采用。

382

（60）

春有春花秋有月，夏有凉风冬有雪，若在闲时多看书，便是人间好时节。没有营养的小孩长不大，不抓学习的人走不远。

383

（61）

有滋有味的日子，无怨无悔的淡定，大彻大悟的坦然，不骄不躁的沉稳，向善向好的追求，唯真唯美的友情，敢说敢做的担当，随缘随性的率真，想干能干的本事，慎独慎欲的坚守，自重自省的清醒，内在内敛的珍惜，至忠至诚的感恩，简单简朴的处世，安静安康的心态，俭朴俭用的习性，勤读勤学的人生。这是幸福人生的追求。

384

（62）

做人要懂得学习，懂得追求，懂得放弃，懂得尊重，懂得宽容，懂得珍惜。

亲善产生幸福，文明创造和谐，成功源自学习。

385

（63）

知识崇高，人才宝贵，劳动光荣，学习伟大。

学习就是与历史对话，与智者交流，与时代同行。

智慧闪金光，学习竞风流。

386

（64）

书籍是一个五彩缤纷的王国，知识是人类进步的万能钥匙，不刻苦读书学习，就不可能到达理想的殿堂。爱好读书学习，可以在有限的生命中向无限的知识领域挺进。

387

（65）

有生命的地方就有学习，因为人生的永恒主题就是读书学习，人的生命只有在学习各种知识中才能得到延伸。酷爱学习的人，才是一个真正有血有肉有胆识的人。

388

（66）

小溪因清澈而能见底，人的生命因不断学习而能得到充实和升华。所以只有自学、自觉、自重、自制，才能把生命引向崇高的境界；只有用心、专心、痴心、决心，四心兼备，四心合一方能将学习引向成功。

389

（67）

今天努力学习，意味着明天的成功。因为学习使你掌握了基础理论知识和职业技能知识，这就是推动船儿前进的双桨；

因为你学习又掌握了做人的道理知识，这就是船儿向前进发的方向舵，使你驶向成功的彼岸。

390

（68）

有人讲：与其做一个不爱读书的国王，我宁愿做一个爱读书的穷汉。身体的财富是健康，人格的魅力是仁爱，生命的本源是知识，成功的诀窍是学习，人生的价值是奉献。

391

（69）

三更灯火五更鸡，正是男儿读书时；

人生不如勤学早，白首方悔读书迟。

只有学习快乐起来，人生才能幸福起来。

392

（70）

多读书学习一定见识广，不但可以帮助你决策问题，也可以帮助你从各个角度分析问题，让你选择更好的发展方案。这样就给你配上了看远的望远镜、看细的显微镜、看透的放大镜、看淡的太阳镜和笑看人生的哈哈镜。

393

（71）

爱读书学习的脑袋就像一块田，放什么进去，就像播下种子，或早或晚，在条件成熟的时候，一定会长出果实，心念一动，就可以收获。世界上有一种最佳的投资就是学习，这就是四两拨千斤的至高境界。

394

（72）

懂得利用时间学习的人，便是懂得永恒的智者；懂得利用空间探索的人，便是懂得无边的圣者；懂得运用知识创新的人，便是懂得改变历史的学者。

395

（73）

好饭耐不得三顿吃，好衣架不住半月穿，好书却经得住一辈子读。好书是金钥匙，它可以打开你理想的大门，它所形成的思想理念可以充实你的精神世界，从而引领你前进的方向。

396

（74）

忘记是一种风度，舍得是一种聪明，学习是一种智慧。一忍可以成百勇，一静可以制百动，一学可以胜百强。

397

（75）

做人，人品为先，才能为次；做事，学习为先，利益为次。

人生要学会不抱怨，不等待，不盲从，要自省、自立。

人生得意需勤学，莫使青春空度过。

398

（76）

读书的男女一脸阳光，读书的声音颂着吉祥；

肩上的书包装着未来，脑中的憧憬向着远方。

399

（77）

学习我国古代老子的哲学思想，不但可以提升人的智慧，还可以成为我们的养生之道。这样就学得快乐，获得坦然，处得和谐，心胸宽广，顺其自然，健康长寿。

400

（78）

学习中国哲学，掌握儒家所讲的"以德养寿""仰不愧于天，俯不作于人"，不做亏心事，始终保持一个开阔的心灵，一直很达观，正确面对世界，面对挫折，看待成功。只要做到坦坦荡荡，看得开，胸中没有太多的愧疚，坚持学习的人生，一定是丰富的人生。

401

（79）

我国古代哲学思想还要求我们把自己的生命融入到工作当中去，坚持学习，开动脑子，思考问题，始终"不知老之将至"，始终离不开学习和事业，把学习和事业当作自己生命的主旋律。

402

（80）

学习中国古代哲学思想，一定会启迪人的智慧，有了这种智慧，当你遇到挫折时你就想得开，不会总是以荣辱为念，从而摆脱名誉、地位对自己思想和精神的束缚，从而提升自己的处事能力，成为身心健康的人。

403

（81）

人要学会自然地生存，克服偏执和欲望，让生活充满色彩。歌舞宣泄，书画凝神，做到动静结合是最好的。孔子说："乐而不淫，哀而不伤。"强调平和中庸，做事不要绝对化，以中庸之道处事做人。

404

（82）

我们平时要多学习圣人的语录，多读一些通俗易懂的民间谚语，"平时不做亏心事，半夜不怕鬼敲门"，这样心安然，生活也就很坦然。人人皆如此，社会一定很和谐。

405

（83）

学习明末清初哲学家王夫之的"六然四看"方法："自处超然，处人蔼然，无事澄然，处事断然，得意淡然，失意泰然"，"大事难事看担当，逆境顺境看襟怀，临喜临怒看涵养，群行群止看识见"。

406

（84）

学习论语："仁者乐山，智者乐水"，"仁者寿，智者乐"。我们不要带着功利心态去做事。人生小事多，如果总是计较小事，势必影响人的精神，经常吃点小亏，不要斤斤计较，你就会在大度包容的境界中去尽享天命。

407

（85）

学习古诗："心头感恩血，一滴染天地。"人是要知恩图报的。父母恩，朋友恩，无论如何感恩都不为过，这样的感恩，只会提高人的境界，洗涤人的心灵。

408

（86）

学习掌握我国文明型国家的八个特点：

四超：超大型的人口规模、超广阔的疆域国土、超悠久的历史传统、超深厚的文化积淀。

四特：独特的语言文字、独特的政治制度、独特的社会体制、独特的经济模式。

我们要继承我国的优秀文化传统，为创造一个现代化强国贡献力量。

409

（87）

当代我国国民要善于读书学习，做到白天走着学、干着学、讲着学、走向社会学、从实干中学。到晚上要读书学、写中学、想中学，只有耐心读、勤于写、创造性地想，才能读得透、写得深、想得远、走得实、干得好、讲得准。

410

（88）

作为一个社会的人，平时看书学习要从综合的方面去阅读，不要文理科分家，否则会导致人文情怀的缺失，千万不要急功近利，无心做学问，一旦阅读力下降，你一定会失去思考能力。

411

（89）

学习报国情

高考风雨萧瑟去，今朝新日南理升；

旷世豪情拜孔子，凌云壮志看后生；

吟诗梦寄鄱湖畔，英雄永驻军魂情；

学海永探报国路，中华听我惊雷声。

412

（90）

炎黄子孙要学习中华民族创造过的人类历史上的繁荣与辉煌，以周秦伟业，两汉文明，大唐盛世，宋金富土，元朝拓疆，明代兴旺，康乾盛景，激励"我善养吾浩然之气""制天命而用之""君子以自强不息"的家国情怀和文化胸怀。

413

（91）

新中国的一代天骄，你们要通过学习牢记1840年以来的苦难历史，高举中国梦的伟大大旗，勤奋学习，团结实干，为实现中华民族的强国梦、文明梦、幸福梦、伟大的复兴梦而自强不息。

414

（92）

凡能乐于助人者，便是君子；凡是好占便宜者，便是小人；

凡能勤奋学习者，便是智者；凡是厌弃读书者，便是蠢人；

凡能知识创新者，便是学者；凡是墨守陈规者，便是笨人。

415

（93）

学习的最高境界是无极；事业的最高境界是无悔；

处事的最高境界是无名；做人的最高境界是无欲。

没有真正的学习，就没有精彩的人生。

416

（94）

善于微笑的人，得到的是友谊；

善于宽容的人，得到的是大气；

善于锻炼的人，得到的是健康；

善于学习的人，得到的是智慧；

善于坚持的人，得到的是成功。

学习是一把万能的钥匙。

417

（95）

人生的真谛就是一心一意熟读几本书，一心一意学习一个专业，一心一意做成一个事业，一心一意构建一个和谐的家庭，一心一意忠于自己的祖国。这样，未尝不是我们人生中一件无比幸福的事情。

418

（96）

读书学习可以告诉我们很多不知道的东西，可以启迪人的聪明，培养人的机智，陶冶人的情操，提升人的勇气，增强人的创造力，引领人的性格。如果在忙碌的岁月里，能偷得半晌闲，随便阅书本，欣赏书中的知识与美景，这确实就是一种幸福和享受。

419

（97）

金榜题名：

华夏考场风云会，只为金榜题我名；
举杯畅饮谢师酒，万千学子南理情；
入校先读军魂篇，成才必须先成人；
勇攀文山再鏖战，立志勤奋报母恩。

420

（98）

做人四不：

不要气，大风刮起是浮云，做一个豁达乐观的人；

不要争，争名夺利是小人，做一个宽容厚道的人，

不要急，天地万物皆从容，做一个镇定自然的人；

不要懒，人生学习最重要，做一个学识渊博的人。

421

（99）

勤者必富，学者为王。勤读书，勤学习，此乃真正的爱国行为；

贪者必腐，名利为害。为名忙，为利忙，势必步入人生歧途。

422

（100）

一个民族，一个国家的竞争力不是取决于它的物质力量，而是取决于它的精神力量；一个国家，一个民族的精神力量，不是取决于这个民族的人数量，而是取决于这个民族的文化力量，取决于这个国家的公民的阅读能力。所以，我们每个人的阅读能力是与国家民族命运息息相关的。

423

（101）

一个人的精神发育史就是他的阅读史，一个民族的阅读水平高低，与一个国家民族的未来密切相关。因为阅读可以强化文化的认同，凝聚国家的民心，振奋民族的精神，提高公民的素质，淳化社会的风气，构建核心的价值观。实现中国梦要从全民阅读上下功夫。

424

（102）

书店是城市的文化绿地，社会上各类图书馆、阅览室也是人们的精神客厅、知识的乐园和智慧的殿堂。读书阅览学习是我们每个人的永恒主题，凡有人类生命活动的地方就一定有精彩的学习。

425

（103）

阅读书籍是人类一种良好的生活方式，与好书结缘是一种诗意和高雅，有一个好的学习环境，是人类最高贵的精神道场。因为阅读是源，用以指导人生，就一定变成精彩与风流。

426

（104）

阅读书籍不光是充满冲动，更重要的是思考与践行，这就是知行的统一，这就是读书学习的真正价值。

427

（105）

人的德行是要通过阅读书籍来涵养和提升的，读书所获得的知识不但可以对人的心灵进行呵护，更能使人活得更有诗意和精彩。

428

（106）

在浩如烟海的图书中，一定要选择适合自己的好书。那些在人类社会发展过程中，对人类知识结构和德性养成具有重大影响的重要人物的代表作，永远值得我们反复阅读。

429

（107）

自觉阅读书籍是守住自己心灵家园的最好方法，所以每当自己感到孤独时，就应该主动选择与书为伴，以此成为自己反思现实的一种最好的方式。缺少对图书阅读的内容，是人生的最大遗憾。

430

（108）

当我们在认真阅读那些名人的传记与著作时，将一定从中学到他们处理人生重大问题的智慧，让我们在社会生活中少走许多弯路。

431

（109）

生活之美在于勤，家庭之美在于和，朋友之美在于诚，工作之美在于乐，社会之美在于公，做人之美在于正，学习之美在于悟，修炼之美在于空，人性之美在于善，中秋之美在于圆。

祝中秋快乐！

432

（110）

与其羡慕别人的成功，不如学习别人的好习惯：

1.学会尊敬不喜欢你的人；

2.学会对事无情对人有情；

3.学会多为别人喝彩，多做自我批评；

4.学会背后多说别人的好话；

5.学会感恩，记得别人对你的帮助；

6.学会听到有人说别人的坏话时只微笑；

7.学会聆听少加评论；

8.学会喜欢自己干什么事都信心百倍。

433

（111）

做人学会肯吃亏，凡肯吃亏的人自然就有权威，肯吃亏的才能有所作为，肯吃亏的人才能有人跟随，肯吃亏不怕吃亏，工作能往前推，肯吃亏的人，在人前才好扬眉吐气，吃亏众心归，人格闪光辉。

434

（112）

要学会智者的风度，智者无言，无言自威，要勤睁眼，慢开口。认识靠缘分，了解靠智慧。

435

(113)

要学会安排自己的命运，敢于冲击极限。一个人不敢向生活提出问号，生活就会给你换上句号。积极向上，奋斗不止，这才是人生的真正价值。

436

（114）

勤奋读书学习的目的，不一定是跟别人比成就，去追求个人的虚荣，而是增加自己的知识含量，在复杂多变的社会活动中，让自己有一个选择的权利，选择你所乐意干的工作，选择你有信心干好的工作。做人不是仅仅被迫谋生，而是干你学之所长，获得工作的自由。

437

（115）

己不知，当学；己不解，当思。学习与思考是成熟人群首先必须面对的问题。心灵中的黑暗首先必须用知识来照亮，因为知识是抵御一切灾祸的盾牌！能够努力学习又勤奋思考的人，最后往往成了赢家。

438

（116）

国庆节不忘"勤奋"与"积极"的思维：

有朋友的问候是一种安慰；有朋友的惦记是一种幸福；

有朋友的帮助是一种温暖；有朋友的鼓励是一种力量；

有朋友的忠告是一种激励，有朋友的批评是一种收获；

有朋友的提醒是一种安全；有朋友的牵挂是一种骄傲；

有朋友的携手是一种快乐；有朋友的信息是一种祝福。

439

（117）

君子的标准：

一是善良，二是随和，三是诚信，四是恭敬，五是宽厚，六是勤敏，七是慈惠，八是尽孝，九是博学，十是仁义，十一是坦荡，十二是明智，十三是谦让，十四是淡泊，十五是含蓄，十六是高洁，十七是包容，十八是中正。

440

（118）

每年的9月28日应作为国家的阅读日，因为这一天是中国儒家代表人物孔子的诞辰。以此践行孔子提出的"学而不厌"的精神，从而提升我们每个中国人的阅读境界和能力，推动全社会的阅读风尚和提高民族的综合素质。

441

勤奋向上，积极有为

（1）

勤奋与积极要做好"七对"与"七不"：

对自己要自尊，不苟且；对别人要敬重，不霸道；

对长辈要孝顺，不推却；对国家要图报，不忘记；

对环境要爱护，不破坏；对群众要敬畏，不妄为；

对学习要勤奋，不懈怠。

442

（2）

"勤奋"与"积极"的美德养成唯有学习学习：

宽宏大量而又严肃恭谨；性情温和而又勇敢坚强；

态度谦虚而又庄重有礼；具有才干而又办事认真；

广纳众议而又刚毅果断；行为正直而又态度灵雅；

直率旷达而又品行廉洁；刚正不阿而又脚踏实地；

敢作敢为而又符合道义；办事精细而又敢于创新。

443

（3）

要注意人的情绪修炼：

一、四严戒：

摩擦不过人整人，

耻辱不过人戏人，

阴险不过人算人，

残酷不过人害人。

二、四回避：

生气不过人比人，

难受不过人欺人，

郁闷不过人气人，

伤心不过人骗人。

三、四提倡：

理解不过人捧人，

温暖不过人帮人，

感动不过人疼人，

和谐不过人爱人。

444

（4）

巍巍井冈红旗飘，赣鄱大地展新图；

九九立志创航天，自强不息筑梦想；

三年励志升大专，美丽神奇名声扬；

五载拼搏更南理，华夏二本登教堂；

零八获批授学位，学子头上有皇冠；

本科评估立新标，硕士试点攀伟岸；

心中犹存博士梦，厚德载物谱新章；

强国美梦人都有，教育无限创辉煌。

445

（5）

奉公守法抱着平安，宁静致远拥着健康，

知足长乐揣着幸福，勤奋学习携着快乐，

仁厚重义搂着温馨，和谐美好挽着甜蜜，

明礼诚信捧着财运，团结友爱拉着吉祥，

博爱感恩扭着美好，春华秋实圆着梦想！

祝我的祖国繁荣安康！！

446

（6）

勤奋与积极既要把握大方向的选择与认定，但也要特别注重自己生活细节的修炼：

例如说话声音要温和，称呼别人要得体，对人要笑脸相视，多讲恭敬之话，多让老人之位，多赞小孩之优，共同进餐不抢先就座，不要总是抢占别人讲话的机会……要显示自己修养的高雅，礼仪的深厚，社会活动的规范和有一定文化知识的底韵。

447

（7）

实践告诉我们：人生有两杯必喝之水，一杯是苦水，一杯是甜水，没有人回避得了。区别不过是人们喝甜水与喝苦水的顺序不同，成功者往往先喝苦水，再喝甜水；而一般人总是先喝甜水，再喝苦水。有些人之所以成功，绝对是有一种坚持下去的力量。

448

（8）

人在勤奋与积极的进取过程中，一般都很在乎被别人尊重，若要别人的尊重，你自己就要储存德性；在乎别人理解，若要别人理解，你就要肝胆相照；在乎被别人认同，若要别人认同，你就要待人坦诚；在乎被别人接受，若要别人接受，你就要与人结缘。

449

（9）

淡字，一半是水，一半是火，水与火的矛盾调解要智慧、识辨与驾驭；人生，一半是披荆斩棘，一半是急流勇进；披荆斩棘要有勇气，急流勇进要有智慧。

上当不是因为别人太狡猾，而是自己太贪婪。

450

（10）

为人之道要懂得低头不是认虚，低头是要看清自己行为是否正确；仰头不是骄傲，仰头是要看清自己应该明确的方向。在复杂的环境中，要善于明视自己，不要感情用事，更不要激化矛盾，不参与人和人的摩擦之中去，一切以和为贵，团结和谐为本。

451

（11）

任何生命的过程，不可避免地会遇到突如其来的麻烦和灾祸。海底的蚌在尽情享受生命华美的时候，忽然一颗沙子钻进了它的体内折磨着它。蚌没有示弱，在不断的砥砺和挣扎之后，那颗粗糙的沙石竟然变成了一颗晶莹圆滑的珍珠，痛苦磨炼的结果成了自己身体最美好的一部分！命运是公平的，没有什么是值得抱怨的，只要包容就可以改变现实。

452

（12）

速度快了石头也能在水上漂着走起来。人生也是如此，没有人为你等待，没有机会为你停留，只有与时间赛跑，才有可能会赢。早起的鸟儿有虫吃，遇事要赶在别人前头，这是竞争者的状态，也是胜利者的状态，这就是创造者成功的捷径！

453

（13）

你可知道？人在春风得意时，事业兴旺时，大权在握时，来钱容易时，情爱迷恋时，便宜可占时，一定是一些人的高危期！此时不可忘记控制自己的私欲，保持高度的清醒。如果你总是洗耳恭听别人的忠告，你抵御风险的智慧和能力一定会增长。

454

（14）

心理平衡才有幸福：

自己好学才能感知世界的新奇；自己善良才能感知世界的美好；

自己自信才能感知世界的丰盈；自己勤劳才能感知世界的精彩；

自己快乐才能感知世界的和谐。

埋怨别人，天昏地暗；改变自己，风和日丽！

重阳节，祝老人们幸福安康！！

455

（15）

事在人为：把别人想象成天使，你就不会遇到魔鬼。

你若喜欢放弃，错就越来越多；

你若喜欢抱怨，烦恼就越来越多；

你若喜欢逃避，失败就越来越多；

你若喜欢贪玩，遗憾就越来越多。

调整思维，可以获得一片蓝天。

456

（16）

一个人的心态好非常重要：

有学习力就不蠢，有法律观就不贪，有分寸感就不乱，

有意志力就不怕，有责任心就不懒，有自控力就不赖。

人生舞台很精彩，点点滴滴皆修养！

457

（17）

当代中国人要有点书卷气，因为：

书卷是修养品德的导航针，书卷是励学知识的助推器；

书卷是识透市场的生运镜；书卷是应对变化的指路牌；

书卷是静化心灵的清醒剂；书卷是增长才干的实验室；

书卷是陶冶情操的催化剂；书卷是总揽学问的指挥棒。

458

（18）

一个快要衰落的单位，每个人既不抬头看路，也不埋头拉车；一个很平庸的单位，只有领导抬头看路，其他人只会埋头拉车；一个败亡的单位，每个人都争着抬头看路，却没有人埋头拉车；一个卓越的单位，每个人都会抬头看路，也会埋头拉车。

携手拼搏存希望，抱团发展才辉煌。

459

（19）

幸福无处不在。靠物质支撑的幸福都不能长久，只有心灵的淡定宁静才是幸福的源泉。

你做出了牺牲，有人心痛你，便是一种幸福；

你的所作所为，给别人带来了快乐，便是一种幸福；

你的创新和倡导，被别人理解与支持，便是一种幸福；

你为社会辛苦劳动，得到别人尊重，便是一种幸福；

你学习掌握的知识，能为社会提供服务，便是一种幸福；

你爱别人而又被大家爱，便是一种幸福；

你用快乐之心做自己想做的事，也是一种幸福。

这是幸福的密码！

460

（20）

人的一生只有通过艰辛的劳动和勤奋的学习，才可以增加生命的价值。做人的准则是爱国孝亲，因为忠孝是人的高尚品德。生命的真谛就是勤劳求学不放松，忠孝报国与感恩。

461

（21）

社会中的每个人都在追求幸福，这是人之常情。但一切幸福感的健康基础是不伤害别人，不伤害国家，不伤害环境，不伤害亲人，不伤害自己，不伤害真理。据此获得的幸福才是真正的幸福。

462

（22）

无论你在什么单位工作和生活，主人翁精神是一个无法丈量的精神高度，有了这种境界，没有干不好的工作，没有完不成的任务。

打工思想是每个工作人员必须要排除的。只有树立起了主人翁的思想和境界，才能获得工作的真正幸福。

463

（23）

吃苦磨难也是福：文王拘而演《周易》；仲尼厄而作《春秋》；屈原放逐，乃赋《离骚》；左丘失明，厥有《国语》；孙子膑脚，《兵法》修列；不韦迁蜀，世传《吕览》；司马迁腐刑而编著《史记》。

你可以用快乐的心做自己想做的事业，那就叫作真正的幸福。

464

（24）

我们应有这样的幸福观：一生被人们认为是好人，勤奋地工作，精心地创业，潜心地学习，光荣地退休，回到家里不失天伦之乐，上班见谁都是理直气壮，在谁的面前都不亏不欠，无愧无悔，心里坦荡。这就是一个人的幸福观。

465

（25）

老实人最幸福。因为诚实是一种力量的象征，它显示着一个人的高度自重和内心的尊严感：社会上有些不老实的人，一定会受到法律制裁和制度的处罚。只有老实做人最安全最和谐，诚实的人生才是幸福的人生。

466

（26）

无为不是不为，而是不要违背自然客观而为，凡是为功利而为者，就是一种破坏，一定会遭到报应，这是大自然的法则！无为就是顺其自然而为之，遵循和谐发展而为之，这才是幸福之路。

467

（27）

芝兰生于幽林，不以无人而不芳；君子修道主德，不为穷困而改变；欲修者，先正其心，欲还其心者，先诚意而学。

人生的美丽是立法，人生的富有是学习。

468

（28）

明德至诚，博学远志；诚朴雄伟，励学广进；气存浩然，至公天下！

好名声是别人给予的，好形象却要靠自己塑造。

469

（29）

在麻将桌上消磨了多少青春芳华和英雄锐气；在歌舞场中坠落了多少青云之志和威武豪情。

在勤奋打拼中成就了多少劳动致富和创业旗手；

在刻苦读书中培养了多少学习楷模和时代精英；

要争做劳动的尖兵，知识的巨人，道德的模范。

470

（30）

感恩是一种处世哲学，是生活的大智慧。人生在世不可能一帆风顺，假若总是埋怨，一定会消沉。

如果满怀感恩之情，跌倒了再爬起来，成功一定属于你的。

471

（31）

一个人的尊严应该守住，只要自己不跪下，你就不比别人矮，在这个世界上最有高度的人，一定是一个有智慧而又善良的人。

472

（32）

我们忙于工作。有时候感到很累、很烦、很紧。其实这是一种回报、一种境界、一种幸福。累就是一种充实，烦是一种磨炼，紧是一种鞭策。

世界上很多事不用问值不值得，只要问，它对你来说，是不是其中有你的人格光辉。

473

（33）

人生修炼的水准：一百岁的境界，八十岁的胸怀，六十岁的智慧，四十岁的意志，三十岁的激情，两三岁的童心。

天地广大，唯我从容。

474

（34）

不贪是贵，无欲是福，少病是寿，够用是禄，勤劳是富，知足是乐。

小胜靠谋，大胜靠德。

475

（35）

要发展，一定需要朋友的支持；要进步，一定需要领导的指导；要成功，一定需要对手的挑战；要和谐，一定需要社会的安宁；要温馨，一定需要亲人的关爱。

要成就伟大，一定必须战胜自己；战胜自己离成功伟大最近。

476

（36）

"专注"是勤奋与积极的一种特殊表现，据调查，任何人只要专注于一个领域的学习与创新，五年可以成为专家，十年可以成为权威，十五年就可以成为世界顶尖人物。

也就是说，只要你能在一个特定领域，投入7300个小时，就可以成为专家；投入14600个小时就能成为权威；而投入21900个小时，就可以成为世界顶尖人物。但如果你只投入3分钟，你就什么也不是。

477

（37）

积极上进的人，要善于听取别人的指点，老师的告诫，群众的支持，朋友的鼓励，家人的提醒。

始终将自己放在国家的制度法规、文化习俗的范畴之内，做一个激情满怀而又循规蹈矩之人。

478

（38）

做一个有五种境界的人：

一是人生的价值观，

二是人生的荣辱观，

三是人生的幸福观，

四是人生的安全观，

五是人生的归属观。

479

（39）

品品宽心之八了：

心累了，听听音乐；郁闷了，跳跳舞蹈；

伤心了，聊聊心情；迷茫了，重看书报；

遇难了，找找原因；受阻了，改改道路；

失败了，学学劳模；成功了，想想恩人。

480

（40）

"十心"做人便成功：

要有敬畏自然的良心，要有勤奋学习的恒心，

要有平等待人的爱心，要有知识创新的雄心，

要有谦恭有礼的实心，要有知恩图报的善心，

要有遇难求助的真心，要有接受批评的诚心，

要有听取忠告的虚心，要有认错便改的决心。

481

（41）

我们应该热爱可以给你带来快乐的工作：

一是有社会价值，二是有个人爱好，

501

（61）

勤奋与积极的核心：

主动谋事，用心想事，

踏实干事，努力成事。

502

（62）

生活因为懂得宽容而安逸，感情因为懂得付出而珍贵；

梦想因为懂得满足而美丽，生命因为懂得感恩而幸福。

503

（63）

把握好做人的六个幸福要素：

1.要有和社会与人群融为一体的心态；

2.要有因注重锻炼而保有的健康体魄；

3.要有与亲情和睦相处的亲友家人；

4.要有能够分享的知己朋友；

5.要有阅读提升学识水平的爱好；

6.要有热爱生活而且发展特长的雅兴。

504

（64）

在当今社会中，谁要挥霍突然到手的大笔现金，他终究会在贫困中挣扎；谁要挥霍自己可以支配的时间不去勤奋读书学习，他一定会在人生旅途中成为一名落伍者。

好书点亮智慧，阅读陪伴成长。

505

（65）

君子六德：

做人：对上恭敬，对下不傲，是为礼；

做事：大不糊涂，小不计较，是为智；

对利：能拿六分，只拿四分，是为义；

对人：表里如一，真诚以待，是为信；

修心：优为聚灵，敬天爱人，是为仁；

格律：守身如莲，香远益清，是为廉。

506

（66）

要想做一个好人，你心中一定要有爱；

要想做一个学人，一定要与书本为伴；

要想做一个实人，你必须务实与求真；

要想做一个能人，一定要有创造思维；

要想做一个贤人，你必须要厚德载物。

507

（67）

一个人的幸福观首先要充满文化的快乐，要依仗一种人文的滋养、一种文明的积淀。当一个人有了这种境界，就可化解你生活中发生的不愉快的事情，任何一种最普通的事情都会给你带来幸福的感受。

508

（68）

自己能把自己说服了，这是一种理智的胜利；

自己能被自己感动了，这是一种心灵的升华；

自己能被自己征服了，就是一种伟大的力量。

509

（69）

人生没有理想信念，没有德性自律，将如一艘在航的小船，终将被大海吞没；不为理想信念努力奋斗，人生就像阿Q一样，只能是精神的"胜者"；我们要记住：没有自强不息的精神怎么叫青春！

510

（70）

一个人生活幸福的多少与他欲望的大小成反比。每个人一定要好好思考自己的所作所为，要懂得自己的幸福首先一定是真诚付出，否则是无法收获幸福的。

511

（71）

人生四戒：

力戒懒散懈怠，力戒自我狂妄，

力戒胸无大志，力戒无心学习。

512

（72）

阅读学习是人生的高地，因为阅读可以让我们欣赏文化的美景，看到无限的希望，也可以让我们的生活充满渴望，从而收获人生的快乐，还可以从各种文化知识中挖掘出创新创作的灵感。

513

（73）

阅读是一扇开阔视野的窗户，特别是在知识创作、信息膨胀、终身学习的当今时代，不同书籍可以让我们从不同的角度认识世界。打开眼界，开阔视野，你就可以达到"思接千载，视通万里"的境界。

514

（74）

阅读是一把开启智慧的钥匙，因为阅读是对文化信息的接纳、存储、转化和重视。这无疑是思维的掌控与交融，是智慧的开发与升华，从而使自己的思维变得更加敏捷和深刻。

515

（75）

阅读也是一个完善自我的梯子，因为阅读的终极意义在于净化人的心灵，提升人的品位，灿烂人的生命，可以修正自己的人生坐标，在完善自我的过程去感悟生命的真谛。

516

（76）

阅读书籍是一眼给你带来快乐的泉水，因为阅读可以让你与先贤圣哲交流，与文学大师对话，与科学巨匠亲近。这样的交流、对话、亲近，就是一种分享文化与知识的盛宴，使自己变得更加聪明和高雅。

517

（77）

十六条处世秘笈：

实干但不蛮干，果断但不独断，大胆但不大意，

理智但不弱智，敢言但不妄言，信心但不贪心，

守信但不守旧，个性但不任性，坦荡但不放荡，

理想但不空想，浪漫但不散漫，平凡但不平庸，

风趣但不风骚，谦让但不迁就，虚心但不虚荣，

顽强但不顽固。

518

（78）

水性体悟处世之方：

我们要学习和追求"水善于下位，安于卑贱"的品质，它不与万物相争，所以不会引起纷争和失效；同时又善待万物，促成万物生长，因而获得众物宠爱。老子由此悟出了"上善若水"的处世法则，

要忍让，要卑谦，要善处下位，尽量助益他人，赢得人心。

519

（79）

水性体悟处世之方：

水乃柔性之物，它不是坚强，但长久的韧性却具有滴水石穿之效，坚强的石头反而被柔弱的水所战胜。老子讲："天下莫柔弱于水，而攻坚强者莫之能胜"。

这就是"坚强者，死之徒；柔弱者，生之徒"。这就是老子柔弱胜刚强的乐观、豁达、蔑视强大而不失自信的处世理念

520

（80）

水性体悟处世之方：

老子主张："善者，吾善之；不善者，吾亦善之，法善矣！"就是对那些与自己友好的和不友好的人，都以善意对待，以能成就德性和功业。正因为不争，故而没有失败之忧，并能使人乐于拥戴。

521

（81）

水性体悟治国之道：

水具有和平的自然天道本性，老子主张为政者要有水的宽厚包容的心态实施公平之政，提出"容乃公，公乃王"，认为政者效法水性，追求公平，自然会收获良好的施政效果。

522

（82）

水性体悟从政之道：

自然界中的百川和大海都是由水雾而成，大海处在百川的下位，老子认为"以其善下之，故能为百谷王"。为政者要想人心归服，就一定要甘处下位，在民众面前应该言语和悦卑谦、利益置后，由此使"天下乐推而不厌"，造成万民归随的安宁局面。

523

（83）

水性理政之道：

老子还讲："善用人者为之下。"这种理政理念与他提倡的处世方法在本质上是一致的。中国历史上的刘邦，力量弱小却能战胜有拔山扛鼎之力的项羽，就因为他卑谦纳才，善处人下，形成了众流归海之势；而项羽刚愎自用，刻薄待人，逞强暴虐，最后成为孤家寡人。

524

（84）

水性理政之道：

老子认为政府管理者就应该像水利万物那样治理国民。对民众利益不占有，支持发展不蛮干，促成发展不主宰。人民得益受利，反而不知道施者的存在，这就是为政者的最高境界和美好德行。

525

（85）

水性理政观念：

以公平公正的方式和卑谦处下的态度治世理民爱民，正是践行了自然水性所体现的天道规律。老子认为执政者遵循这一天道，始终把百姓的利益放在上位，坚守宽广、包容、公平、卑下等德性之美，就自然成就了海纳百川的"百谷王"之位。

526

（86）

从水性推宇宙生成之理：

老子在辨析了"存"与"无"的关系后，认为"水"与"汽"的交互变化，可以描述宇宙万物的生成和推测宇宙的生成过程。老子用水这种普通的自然之物，滋养着万物的生命和人的精神世界，他真正使自然之水具有了精深的文化内涵。

527

（87）

因磨炼而饱满，因距离而美丽，

因情深而湿润，因诚信而高尚，

因勤劳而富有，因博学而伟大。

528

（88）

太阳在有梦想的地方升起，

花朵在有梦想的地方芬芳，

希望在有梦想的地方生长，

学习在有梦想的地方耕读，

创新在有梦想的地方辉煌，

幸福在有梦想的地方绽放。

529

（89）

人生八养：

山水养生，森林养眼，文化养神，信仰养心，学习养智。

运动养体，气候养颜，生活养情，诚实养德，教育养人。

530

（90）

平凡时高调一点，尊贵时淡泊一点，

沉闷时活泼一点，烦恼时放松一点，

放纵时节制一点，磨难时坚强一点，

钱多时节俭一点，贫困时勤奋一点，

发怒时理解一点，漂浮时实诚一点。

531

（91）

生活的学问：

生活原本淡如水，放点盐它就是咸的，放点糖它就是甜的，放茶叶它就是香的，放咖啡它就是苦的，想调成什么味道，全凭你自己。

别让烦恼冲淡美德，别让忧伤影响健康。

532

（92）

做人的气度：

做事要有灵气，用人要有豪气，决策要有霸气，学习要有韧气，创造要有勇气，社交要有义气，团队要有和气，生活要有情气。

533

（93）

宽容大量而又严肃恭谨，性情温和而又善于决策，

态度谦虚而又庄重有礼，学习严谨而又办事认真，

广纳众议而又刚毅果敢，行为正直而又态度灵活，

直率旷达而又品行廉洁，刚正不阿而又脚踏实地，

坚强勇敢而又符合道义，工作精细而又敢于创新。

十种美德养成唯有学习。

534

（94）

十思修德我努力：

见可欲，则思知以"自戒"，自我约束要严；

将存作，则思知以"安人"，适可而止要度；

念高危，则思知以"自牧"，自控修炼要达；

惧满温，则思知以"纳海"，心怀博大要诚；

东盘游，则思知以"驻业"，不可过度要节；

忧懈怠，则思知以"善终"，谨言慎行要恒；

虑壅蔽，则思知以"敝下"，广结良友要真；

惧谗邪，则思知以"镇恶"，自身超脱要雅；

恩所加，则思知以"避假"，防奖不公要实；

学要持，则思知以"恒终"，悦己报图要忠。

535

（95）

　　明德与治国的道理

古之欲明德者，先治其国；

欲治其国者，先齐其家；

欲齐其家者，先修其身；

欲修其身者，先正其心；

欲正其心者，先诚其意；

欲诚其意者，先致其行；

致行在格物。

格物而后知至，知至而后意诚，

意诚而后心正，心正而后身修，

身修而后家齐，家齐而后国治，

国治而后天下平。

536

（96）

文化可以引领人的德行，财富不会改变人的本性，优秀文化使人品德升华，财富的存在会让人露出本性。在经济利益面前，要克服贪心，要从正道获取财富。只有创造财富，才能真正寻找到主流而又正义光辉的人生。心中有爱，腹中有墨，以是做人的万全之策。

537

（97）

我们对社会分配给你的工作要有持之以恒的敬业之心，能够长期坚持，就一定是一位事业家。如果想付出一点就马上有回报的，那一定是个钟点工。因为理想是人生的太阳，事业是人生的价值。坚持是人生成功的小秘诀，荣誉是对优秀的回报。

538

（98）

在人生的旅途中犯点错误是难免的。这是现实生活的辩证法。在错误面前的思考，就是前进的开始。永远不犯错误的人永远不会有所成就，不倒翁虽然不会掉倒，但也永远不会前进一点。

539

（99）

人生期盼成功，就不要怕失败，因为失败离成功只差一步之远。要想仰望星空，就不要害怕夜黑，要想走向光明，就要冲破迷茫。心中有恒，脑中有书，手中有技，行中有礼，你一定会走向成功。

540

（100）

人生一定要走利国利民的正道，现代社会中当官的不乏有欺压百姓者，经商的不乏有唯利是图者，从教的不乏有追求金钱者。新时代的青年，千万不要走害人害己的邪道。人生必须追求信仰，切不能违背信仰。在平常的生活中，一定要戒躁，心静无烦恼，不懂就请教，学习最快乐。

541

（101）

我们一定要养成读书的好习惯，这是勤奋向上、积极有为的力量源泉，这就给自己建造了一座逃避人生不幸的避难所。学习是知识的发源地，知识是每个人心灵的食粮。

542

（102）

为人三不做：不做劳而无趣之事，不做劳而无益之事，不做劳而无功之事。

更要懂得侵财足以害人，身先足以率人，量宽足以容人，律己足以服人。目光有多远，你的生活之路就有多宽。

543

（103）

读书学习让自己提升能量，读书越多，就越觉得自己所知道的事情甚少，而世界的理性之门知识之窗都是在阅读书籍之中向自己渐次打开。

544

（104）

大学是象牙塔，它的功能是保存、传播、提升人类世代相传的知识与文化。我们在此要树德做人，追求真理，崇尚科学，始终恪守学术共同体和知识所持有的生活信念和行为方式，坚决避免成为利益追求的服务工具。

545

（105）

大学是服务站，它的功能是在与社会互动中展示自身的存在、价值与合法性。当大学与社会之间建立了有机的联系，使得为国家和社会发展服务成为大学的主要职责，把大学拥有的大量知识用于服务社会、奉献社会的实践。

546

（106）

教育工作者是智慧的追求者，是道德的传播者。我愿意用一生传承文明，用理性直面人生，用生命守住校园，用人格影响人格，用奉献播撒希望，用心灵呵护学生，用真诚诠释责任。教育工作者的幸福和价值是一种内心的体验和感受，教育工作者是一个使教育者和受教育者都变得更完善和更幸福的职业。对精神的追求，必然通向幸福。

547

（107）

教育事业是崇高的事业，爱教育是老师永恒的主题。教育事业是大事业，是人间最大的快乐，教育能开启民智、传播道义、延续文脉、培养人才、坚守良心。教师坚守职业价值，享受职业乐趣，感悟职业魅力。牢记梁启超的教导："战士死于沙场，学者死于讲坛"。

548

（108）

读书是一种更广义的倾听，你借助书本上文字，倾听各类哲人的教诲，你借助知识，可以得到远方的灵感和智慧。如果你在懒散，一定是在做梦；如果你在读书学习，你就是在圆梦。

549

（109）

中国共产党革命精神历史坐标：

1.红船精神：开天辟地，敢为人先，坚定理想，百折不挠，立党为公，忠诚为民。

2.井冈山精神：坚定信念，艰苦奋斗，实事求是，敢闯新路，依靠群众，勇于胜利。

3.苏区精神：坚定信念，求真务实，一心为民，清正廉洁，艰苦奋斗，争创一流。

4.长征精神：救国救民，不怕艰险，生死相依，患难与共，顾全大局，紧密团结。

5.延安精神：自己动手，丰衣足食，实事求是，为民服务，自力更生，艰苦奋斗。

6.西柏坡精神：谦虚谨慎，不骄不躁，艰苦奋斗，永不变质，敢于斗争，敢于胜利。

550

（110）

成功的人做别人不愿做的事，做别人不敢做的事，做别人做不到的事。能为别人着想，是天下第一等学问。道德比黄金更珍贵。

551

（111）

婚姻生活的第一艺术是懂得如何妥协和包容。巨大的爆发是一种力量，巨大的忍耐更是一种力量。别让烦恼冲淡美酒，别让忧伤影响牵手，路漫漫需要结伴走，相知才能天长地久。晚年所收获的美好果实，是年轻时期所播下的种子。

552

（112）

三种人的不同命运：

平庸的人只有一条命：性命，所以每个人自然都视性命如珍宝，一旦失去性命，万事皆休。平庸的人，浑浑噩噩，虚度一生。

优秀的人有两条命：性命加生命，这样的人一定活得有滋有味，有声有色，活出一份不同于芸芸众生的自我来。优秀的人，挑战自我，超出常人。

卓越的人有三条命：除了性命、生命还有使命。胸怀使命的人，有高远的目标，崇高的理想，矢志不渝的人生信念，在历史的长河中谱写出壮丽诗篇。卓越的人，铁肩担道义，妙手写文章，这就是神圣的使命。

553

（113）

若要活得随意些，只能活得平凡些；

若要活得辉煌些，只能活得痛苦些；

若要活得长久些，只能活得简单些。

554

（114）

做好大学校园大型活动，是给在校大学生做好示范，他将来走向社会就会以此为经验开展社会活动。同时，一次精心策划的校园大型文化活动，一定会鼓舞士气，振奋精神，强化师生群众的责任感和使命感。这种特有的文化氛围，可以激励和塑造年轻大学生的昂扬斗志和精神风貌，还可以强化师生的荣誉感和承载大学校园文化的荣耀与自豪。

555

（115）

做好十四忍：

富贵能忍者发家，贫穷能忍者致富，义子能忍者敬孝，

兄弟能忍者情长，师生能忍者智慧，老年能忍者福寿，

少年能忍者进步，朋友能忍者义深，亲戚能忍者长乐，

夫妻能忍者幸福，邻居能忍者团结，姑嫂能忍者传名，

婆媳能忍者家和，全家能忍者财丁兴旺。

556

（116）

现在不少人去寺庙拜佛烧香，寻找清净和心理安慰，其实只要我们平时多想点开心的事，多看点善眼的人，多说点善良的音，多听点励志的事，多干点积德的活，睡前多想想感激别人的事，你一定心里宽敞，感到安慰。

557

（117）

诚无悔，恕无怨，和无仇，忍无辱，奉无贪，爱无边。

聪明的人看得懂，精明的人看得准，高明的人看得远。

558

做人处事要及时识破你左右的几种假相

（1）

要识破搬弄是非者。要将那些把好的说成坏的，把坏的说成好的，真的说成假的，假的说成真的人认破。你若不明真相，就不能做出正确的判断和合理的决断。

559

（2）

要识破曲解事实者。要识破那些专门逢迎吹捧，曲解真相，制造莫须有的事实，让主管者蒙在鼓里，不顾事实，妄自决事，达到曲解事实者的目的的人，这样的人于单位发展一定是非常不利的。

560

（3）

要识破蒙蔽真相者。要让那些欺上瞒下，蒙蔽真相，编造谎言，攻击好人的小人没有藏身之地，让那些有真才实学、忠于职守的人做出利国利民的好事，这就是领导者的最大智慧和能力。

561

（4）

要识破挑拨离间者。要让团队里喜好搬弄是非、挑拨离间的人没有容身之地，不要因为有这种妒贤忌能的挑拨，搅混一池清水，使这个单位出现混沌不堪的局面。

562

（5）

要识破谄媚逢迎者。要将那些喜欢谄媚逢迎，吹牛拍马，曲意承欢，伪装忠心，不讲真话，处处事事获取你的欢心，达到提拔重用和获取金钱的目的，致使你颠倒是非，随意胡来，失去人心的人没有容身之地。

563

（6）

要识破弄权压人者。要识破那些借用他领导的权力以势压人，从中谋取好处，打压别人的人。我们任何人都要远离这样的小人，使其没有容身之地，这与一个人的成败有着很大的关系。

564

我们如何建立良好的人际关系？

（1）

你要尽可能鼓励别人，赞美如同春天的阳光，称赞别人获得的成果；同时还要多为别人保住脸面，不贬低别人，更不要夸大别人的错误。

565

（2）

你要背后多说别人的好话，若找不到好话说，可以保持沉默；同时要仔细观察和发现别人的好处和优点，为称赞别人寻找更多的充分理由。

566

（3）

你要经常传扬别人高尚的思想，一旦人家知道，他会真心感谢你；同时尽可能不要严厉地批评别人，不得不批评时，也要用对事不对人的方法进行。

567

（4）

你要理解别人自我感觉良好，得饶人处且饶人；特别是自己要谦虚谨慎，戒骄戒躁，在公众面前要敢于承认自己的缺点和错误，认真向社会真诚检讨自己的过错。

568

（5）

你要敬畏群众，敬畏集体，敬畏同事，做了不当之事，及时道歉，主动负荆请罪；同时，正确使用权力，多提建议，不要发号施令，促进和谐合作，不要引发矛盾。

569

（6）

你要理解别人发怒，多换位思考，多同情和体谅别人；同时要给别人诉说的机会。让人家把话说完，不要总是居高临下不让人讲话，做到少说话，做一个倾听者。

570

（7）

你要善于出主意但不要突出自己，因为好主意不在乎出自谁人之口；特别是众人在一起商量事情时，要善于归纳别人的亮点，变成别人的观点，赞成但不要占为己有，显示自己的才能。

571

（8）

你在别人说错的时候也不要打断别人的话，否则会引起别人的反感；做到理解别人的一切就是意味着宽恕别人的一切，多从别人的立场观点去看待分析问题。

572

（9）

你要懂得自以为是是自己做人处事的杀手，你可以比别人聪明，但不能总是以为自己没错，避免不必要的争吵；同时要善于寻找让别人快乐的途径，经常赠送别人一些小礼物。

573

（10）

你要明白在发生矛盾时，自己要保持镇静，努力寻找双方的一致之处消除隔阂；特别要善于用批评眼光看待自己，给予对方自己的启发和建议。

574

（11）

你若对别人真感兴趣，要表示出自己想要帮助对方的善意；同时，你在人群交往中要始终保持微笑，微笑可以表示出真诚和爱心，这样可以拉近距离。

575

（12）

你要始终称呼对方的全名，表示出你对他的尊重、在意和他在你心中的地位；同时你要学会从对方的角度看待事物，一旦观点对立，不可急于争辩和反驳，情绪缓和后再商定。

576

（13）

你在和人谈话和打电话时都要让对方有好感，不要居高临下压人伤人；同时在与他人交往中要宽容别人，更不要记仇，冤家宜解不宜结。

577

（14）

你在想到对方时，你一定要给予他你最好的祝愿，给别人留一个好的念想；你同时要常常想想大自然的法则，海洋是溪流的国王，因为海洋可以广纳百川。

578

（15）

你要读懂"人生知足"这本书，这就是人生的最大智慧，胸怀豁达，境界高尚，人脉广济；只要你到处表示爱心，展示真诚，留下情意，你就人缘特好，人生美好。

上述十五条就是建立良好人际关系的法则。

579

孝的风范，孝心无价

（1）

鲁迅从小到大都有一颗孝心。少年时，为了减轻母亲的压力，主动承担家中杂务。每逢母亲生日，除了寄钱还从远道回家为母亲祝寿。为了母亲愉快，特邀请演员来家唱戏，让母亲过一个最欣慰的一天。

580

（2）

黄侃放浪形骸，却奉母至孝。他自幼丧父，由母亲抚养长大。此后母亲病重，在家护理直至去世，并大恸吐血不止。在动乱岁月，他被迫逃亡日本，因思母难忍，特请画师画一幅《梦谒母坟图》，这是他随身携带的物品，一刻不离。

581

（3）

傅斯年（北大校长）对母亲极其孝顺。"七七事变"后，他派人去老家安徽将母亲和侄儿接来重庆，当得知母亲未能逃出来，他大怒，当场打了侄儿几个耳光。随后他千方百计将古稀之年的母亲接来重庆。他对同事说："母亲能平安来到后方，我很欣然，否则，将何以面对祖先。"

582

（4）

李叔同对母亲至孝至顺。母亲离世时，他还外出为母亲预置寿木，不在母亲身旁，他终身引以为憾。他万分悲痛，改名为李哀，号哀公，闭门守孝。此后他出家，斩断一切尘世情缘，唯独对母亲的感情难以割舍。

583

（5）

王海六得绝症后带父母看世界。他家在贵州省的一个偏僻山村，父母靠拾废品供他读完大学，后在贵阳某文化传媒公司任职，此后王海六患白血病，觉得自己将不久于人世，他决心带痛与死神赛跑，把一生的孝心浓缩在带着父母游遍全国之中，以报答父母的养育之恩。

584

（6）

郭艳琼认为孝敬父母是再自然不过的事。她出生于广东一个贫穷的农民家庭。姐弟俩从小很懂事，爱学习，成绩惹人羡慕。当母亲不幸去世，父亲又患骨髓炎三十多年，手术后不慎摔倒，卧床不起。郭艳琼每天四五点起床为父亲熬中药、烧饭、洗漱、大小便，为父亲端茶送水，忙到八九点钟，接着还要到离家很远的橘园干活，晚上直到父亲睡了，她才抽空看书学习，此后考试她以各科优秀被选送到中山大学学习。她坚信："我好好读书学习，就是对爸妈养育之恩的最好的报答。"

585

（7）

　　刘望桃护理老母无怨无悔。她七岁时父亲牺牲在朝鲜战场，母亲26岁守寡，母女俩相依为命。刘望桃在艰难的环境中坚持上学读书，毕业后一直在教育战线任教37年。当母亲83岁时因脑梗致手脚瘫痪不能行走，生活无法自理，从此她就是母亲的贴身护理。左右邻居和亲友讲："你都快70岁的人了，身体又有病。"劝她将老人送福利院，可她就是不同意，一定要与老母相陪相随。完成养老送终的天职，这也是对牺牲在朝鲜战场的父亲的最好怀念和感恩。

586

（8）

　　高雨欣是"最美孝心少年"。11岁的时候她用柔弱的肩膀扛起全家人的生活担子。她6岁时父母离婚，母亲带着她和半岁的妹妹投奔年迈的姥姥家，此时舅舅患精神病。一家五口靠姥姥和舅舅的低保费度日。由于妈妈也是一个残疾身体，不能干重活，只能去城里卖烧烤，高雨欣每天5点半钟就起床做早饭，给妹妹穿衣喂饭，还要照顾姥姥，中午放学后要去市场买菜，晚上回家做饭菜，然后再温习功课，一天忙得脚不沾地，但她的学习成绩一直名列年级前茅，在小升初考试中全县第一。

587

（9）

　　吴晓杰70岁后到敬老院伺候97岁的老母亲。吴晓杰是沈阳某局局长，由于年轻时候一直忙于工作，没有更多的时间照顾自己的母亲，自他退休后决心用行动弥补上亏欠母亲的养育之恩，他与母亲同住敬老院伺候长寿的母亲，全天候护理老母，为母亲做一日三餐，晚上给母亲擦身洗脚，护理母亲上床睡觉。古人说："竭忠尽孝，谓之心，万物一体谓之仁。"这样家庭的老人，一定是颐养天年的。

588

（10）

徐佳大学毕业那年，她母亲在电视里看到播放四川乐山的纪录片时，突然站起来情绪非常激动地嚷着"乐山……大佛"，并呼喊"妈妈"不停。他母亲赵银在二十几年前因痴呆被别人从四川老家拐卖给他在外地做工的父亲。徐佳看到母亲的思乡思亲之情，为了给母亲尽孝，她经过多期的走访，最后在乐山大佛所在的篦子街派出所户籍上查到了母亲的姓名，找到了母亲的亲人，让失踪而又牵挂了二十三年的母亲终于回家会见久别的亲人。

589

（11）

李震亚为了尽孝将北京的一家公司转卖回家护理爹娘。河南夏邑县石王庄村的李震亚和妻子在北京成立一家汽车维修公司，生意做得非常红火。日子好了，将父母接到京城住，尽一份孝心，但爹娘不习惯城市生活，没住几天硬是吵着要回家。没过多久，父亲在家病重住院，母亲脑梗不醒人事，为了尽孝，李震亚低价将北京的汽车维修公司转卖了，回家护理爹娘。经过三年的精心尽孝护理，他母亲身体康复，李震亚被评为"夏邑十大孝子"之一。

590

（12）

吴兴英有一天带着几位好友到家里聚餐，由母亲掌厨。几个菜上桌后，他给每个人倒好了酒，给母亲摆好碗筷倒了饮料，一家一声不吭地等待，谁也没有先动筷子吃喝。当母亲端着汤从厨房里出来，发现大家都在等她，吃了一惊说："你们都在等谁呀？"大家异口同声地说："你老人家辛苦了，等你一起用餐！"这时老母亲非常高兴地说："做饭做菜是我责任。"大家回答说："等你一同用餐，这是我们晚辈的孝心。"

591

如果有一天，你发现妈妈的厨房不再像以前那么干净，父亲的花草已渐荒废，他们经常忘记关灯，过马路行动反应都慢了……请千万要常去探望，不要让他们觉得自己被遗弃。就在你"永远都忙不完的事，每件事都比回家重要"的忙碌里，他们在悄悄老去，也在等你。要多多留意自己的父母。

592

止恶扬善，学习共勉

以媚字奉亲：孝是核心，心系长辈，笑对老者，取悦双亲，鞠躬尽瘁，奉献爱心。

593

以淡字交友：信是核心，心系朋友，精诚团结，真心对人，诚恳实在，展示友谊。

594

以苟字省钱：俭是核心，心系节俭，看淡金钱，热爱劳动，勤俭做人，收获人生。

595

以拙字免劳：勤是核心，心系劳获，劳动伟大，以劳为本，敢于吃苦，劳中取乐。

596

以聋字止谤：和是核心，以柔恭敬，不信谎言，视谤为耻，心胸坦荡，以德待人。

597

以盲字远色：正是核心，心系雅德，色为牢狱，腐必害人，远离色情，尚德树人。

598

以吝字防口：慎是核心，心系自律，警钟长鸣，祸从口出，祸从口入，谨防口患。

599

以病字医淫：戒是核心，心系正君，革除淫乱，利于祖宗，留颜儿孙，高雅人生。

600

以贪字读书：苦是核心，心系万卷，精耕细读，遨游书海，充实自我，以书为乐。

601

以疑字穷理：研是核心，心系真理，探索不止，追求永远，明理晓法，提升境界。

602

以刻字责己：严是核心，心系自责，认识自我，战胜自我，把握方向，立足不败。

603

以迁字守礼：尚是核心，心系礼仪，高雅素养，有礼有节，展示风彩，提升国格。

604

以恒字立志：恒是核心，心系报国，修身齐家，立志为民，展示才华，振兴中华。

605

以傲字植骨：洁是核心，心系忠诚，高尚廉洁，真心为民，奉献青春，为国情深。

606

以痴字济贫：爱是核心，心系民众，为民工作，积累财富，奉献社会，与民同乐。

607

以空字解忧：足是核心，心系无为，知足常乐，万事皆空，物有定数，不可强求。

608

以弱字御悔：忍是核心，心系苦海，遭遇不幸．忍辱负重，看穿一切，超脱烦恼。

609

以悔字改过：律是核心，心系自我，人皆有过，明辨是非，改过自新，不可自傲。

610

以懒字跟风：抑是核心，心系正文，歪风害人，不可随意，分清是非，敢树新风。

611

以惰字屏俗：辨是核心，心系发展，习俗有情，大胆创新，学习先进，勇往直前。

612

善心四法

心真，则大地皆清净；心善，则行事皆顺畅；

心美，则众生皆可爱；心诚，则天下皆平坦。

613

贪得者，身富而心贫；知足者，身贫而心富；

居高者，形逸而神劳；处下者，形劳而神逸。

为善最乐，是不求人和；为恶最苦，是唯恐人知。

614

放弃完美，多一份轻松；面对现实，多一份自在；欣赏自己，多一份自信；做好选择，多一份从容；寻找快乐，多一份追求；善待他人，多一份爱心；相信成功，多一份欣喜；不畏失败，多一份执着。

615

存大智慧和大才华的人，必定是低调的人。他们行走在尘世间，眼神是慈祥的，脸色是和蔼的，腰身是谦恭的，心底是和平的，灵魂是宁静的。

616

经得起诱惑的是圣人，耐得住寂寞的是伟人，改得了贫寒的是强人，过得好平淡的是能人，走得顺坎坷的是大人，拎得清生活的是名人，弄得明人情的是哲人，扶得起别人的是贵人。

617

一个优秀领导者的角色变化：有时要两眼睁大，狠拍细节；有时要两眼紧闭，策划战略；有时要一睁一闭，思看重点。该粗时就粗，该细时就细，该往前时就往前，该靠后时就靠后，该严厉时就严厉，该温柔时就温柔，该放权时会放权，该收权时会收权。

618

七色云彩漫天开，仅为一时不精彩；

夕照余辉踏浪来，小心误上空平台；

情怀依旧景物改，心情真能随景来；

人在天涯口何在，近在咫尺有住宅；

节竹摇响相思曲，不可梦幻一二年；

祝福随风免飘絮，牵挂永远心中埋；

祝寿安康求大庇，唯有自己比天高；

有缘自然他多遇，游戏人生无可奈；

情到深处有怨尤，多记女儿有回报；

人事沧桑却何求，唯有旧情是真爱；

终小一世随性修，总有遗憾才光辉；

成败到头且自由，人格要比自由乖；

眷恋往事已烟云，破镜重圆千千万；

属意何处但免凭，才是人间好儿郎。

619

两个人因为开心在一起叫喜欢。如果不开心还想在一起就是爱。

身为女子，洁身自好为白，经济独立为富，内外兼修为美；身为男子，智若愚、宠辱不惊为高，大爱于心、福泽天下为富，雄才大略、智勇双全为帅。

620

人生，就是一场自己与自己的较量：让积极打败消极，让快乐打败忧郁，让勤奋打败懒惰，让坚强打败脆弱。人生活的是过程，过程的精彩才是真实的拥有。

621

一个喜欢读书的人，品格不会坏到哪里去；一个品格好的人，一生的运气不会差到哪里去。

上坡时低一低头，多一点谦卑；下坡时昂一昂首，多一点自信。

622

高人十大特征：苦到舌根吃得消，烦到心乱耐得住，困难绝望行得通，屈到愤极受得起，怒到发指笑得出，急到眉燃定得住，喜到满意沉得下，话到嘴边打得住，色到情迷站得稳，财到眼前看得淡。

623

当你迷茫时要看懂下列六句话：

1.最困难的时候，就是接近成功的时候；2.不为模糊不清的未来担忧，只为清清楚楚的现在努力；3.宽容他人对你的冒犯；4.不要无缘无故地妒忌别人；5.不要看我失去什么，只看我还拥有什么；6.用最放松的心态对待一切艰难。

624

古来万事贵天生。

自己修炼好了，自然有人靠过来；

淘尽泥沙始见金。

智者守己，愚者议人；

阳光总在风雨后。

人生短暂，承载不了太多悔恨；

循返而行，一切将会自然富足。

胸怀如海人自贵。

弯腰只是为了拾起去掉的幸福。感情对抗战中，赢了面子就输了情分。往往死撑到底的人，都成了孤家寡人。

知难而上方为勇。

苦难浇灌花更艳。

生活要的是品质，而不是物质。财富可以储存，但时间不能储存。你怎么花时间，决定了你一生的生活品质。

625

人生就像一口大锅，当你走到锅底时，无论朝哪个方向走，都是向上的。最困难的时刻也许就是拐点的开始，改变思维方式，就可迎来转机。

626

乐观豁达的人，能把平凡的生活变得富有情趣，能把苦难的日子变得甜美珍贵，能把繁琐的事情变得简单可行。

627

中国官本位的思想在民众中有着深刻的影响，据调查，中国大学生有86.5％愿意考公务员。在美国只有3％，在新加坡是2％，在日本公务员是排在第53位，在英国公务员进入20大厌恶职业榜。

628

人生十二忌：一忌有志不恒，二忌信用不诚，三忌交友不慎，四忌不懂装懂，五忌交浅言深，六忌财源不明，七忌人后说人，八忌敌友不清，九忌自卑自怜，十忌时光滥用，十一忌浅尝辄止，十二忌只说不行。

629

积德虽无人见，行善自有天知。人生的辛苦，在于你做了太多自己不喜欢的事。你喜欢，人生就快乐。你把自己为难够了，别人就不来为难你了。成长是需要磨炼的。

630

男人的气质：

临危而不惧，途穷而志存；

苦难能自立，责任揽自身；

怨恨能德报，美丑辨分明；

名利甘居后，为理想驰骋；

仁厚纳知己，开明扩胸襟；

当机能立断，遇乱能慎行；

忍辱能负重，坚忍能守恒；

临弱可落泪，对恶敢拼争；

功高不自傲，事后常反省；

举止终如一，立言必有行；

学习能坚持，读书苦修炼；

做人德为先，忠孝两齐全。

631

没有伟大的意志力，便没有雄才大略；心怀伟大的理想，你将会变得伟大；肤浅的人相信运气，而成功的第一秘诀是自信。

632

实现明天的理想的唯一障碍是今天的疑虑；每个人都是自己命运的建筑师；靠山山会倒，靠水水会流，只有靠自己永远不会倒。

633

人生最大的福是感恩。

求人如吞三尺剑，靠人如上九重天，铁关系不如自己有硬本事。金钱买不动的人，谁也无法将他征服。只相信金钱力量的人，最后都会败给金钱。挣钱是为了生活，但生活并不是为了挣钱。

634

读书多了，容颜自然改变。凡你看过的书籍著作都成过眼烟云，不复记忆。其实书中的知识仍是潜在你的气质里、谈吐上。当然，也会显露在你的生活和文字中。掉进知识情网中的人，时时会品尝着知识的甜蜜。

635

有教养的人十大特征：

遵约守时，谈吐有节，态度和蔼，语气中肯，避免喧哗，从不自傲，信守诺言，关怀他人，胸怀大度，同情心强。

636

处世五字诀：

诚：不自欺，亦不欺人，不蝇营于小利，不短视于眼前。

敬：恭顺待人，顺势谋事，居功不自傲，得意须让人。

静：不乱分寸，不事张扬，洞察世相，静观时变。

谨：祸从口出，谨小慎微，不得张扬，留存回旋余地。

恒：持之不懈，意志笃定，困苦不退，挫败不止步。

637

人过三十岁的看：

三十而立，立身、立业、立家；

四十而不惑，明白社会，自己现任；

五十知天命，知道命运轨迹，人生定位，未来责任；

六十耳顺，看透人生、生命、名利；

七十从心所欲，顺其自然、随遇而安。

638

不要生气要争气，不要看破要突破，不要嫉妒要欣赏，不要拖延要积极，不要心动要行动。宁愿跑起来被绊倒无数次，就是跌倒了也要豪迈地笑笑。

让你痛苦的往往是自己，让你快乐的也只有自己。

639

中国历史上有4个永远打不败的将军：汉朝的韩信，唐朝的李靖，宋朝的岳飞，清朝的左宗棠。

2000年美国权威杂志《时代》周刊评出世界历史上40位最有智慧的名人，其中有3位中国人：第一位是毛泽东，第二位是成吉思汗，第三位是左宗棠。

640

心胸宽广的人没有痛苦，欲望无穷的人没有欢乐，勤奋读书的人没有忧虑，不爱劳动的人没有幸福。

大学是文化的高地，也是师生应当坚守的家园。

641

林则徐家的一副对联：

上联：子女不如我，要钱干什么，愚而多财，则增其过；

下联：子女胜过我，留钱干什么，贤而多财，则损其智。

横批：不给子女留钱财。

642

在有限的时空和有限的生命中，实现生命的最大价值，应该成为每个有知者的追求。生命是种体验，幸福是种感觉。人的生命的最大价值，应该怎样定位呢？

我认为就是读万卷书，行万里路，历万般事，一个人能把握住这三件事，就会死而无憾。

643

一个强者的四个基本条件：

最野蛮的身体，最勤奋的学习，最文明的头脑和不可征服的精神。

不要竭尽全力去和你的同僚竞争，你应该在乎的是：你要比现在的你更强。

644

在和平社会中的领袖，同样要具有强烈的感召力。所以，培养领袖才能，就是大学的首要使命之一，要我们的大学生明白：你们就是你们这一代的领袖，要承担起自己的历史责任。在复杂的人际关系中，你要出风头才能成为领袖，但要避免遭到别人的嫉恨。真正的领袖，要有办法让你周围的群众心悦诚服，不负众望，让自己所做的一切，都是为了大家，为了集体，为了国家的利益，而不是为了个人的权力。

645

郑板桥六十自寿联：

常如作客，何问康宁，但使囊有余钱，瓮有余酿，釜有余粮，取数页赏心旧纸，放浪吟哦，兴要阔，皮要顽，五官灵动胜千官，过到六旬犹少；

定欲成仙，空生烦恼，只令耳无俗声，眼无俗物，胸无俗事，将几枝随意新花，纵横穿插，睡得迟，起得早，一日清闲似两日，算来百岁已多。

646

以一当十，是我的精神，以十当一，是我的努力。从最坏的可能性着想，总不吃亏。

人穷不可攀富，攀富则有恶；人富不可嫌贫，嫌贫则无善。

少年处不得顺境，青年处不得乐境，中年处不得困境，老年处不得逆境。

647

大学生怎样培养自己的领导能力？

一是善观察敢表达。能敢于根据观察和发现的问题，发表自己的意见，把大家心中不高兴的事情说出来，勇于代表大家的利益，敢于冒一定风险去代表大家讲话而解决矛盾纠纷，这样的人一定会受人尊敬，集体中需要这样的人。可家庭教育自己的孩子：别去惹事，不为大家担当表达，这样的孩子将来是成不了大家的领导的。

二是有主见能拍板。心中有见识，能为大家拿主意，经常有做决策的习惯，能够让没主见的群体形成对他的依赖，听从他的决断和指挥，这样就自然成为领导核心。现在年轻人中没有主意的人太多，多被父母、老师拿惯了主意，造成自己没有主见与决策能力，遇事拍不了板，只有被别人当板拍。

三是有激情有气概。有自己明确的爱好，善于为自己的选择进行辩护，更有说服别人的激情，更有影响别人的感染力。这样能给别人以明确的方向感，对周围的人能产生一种推力。可当今社会的家长们总是让自己的孩子去随大流，不追求自己的爱好和特长，因此，孩子没有自主精神和激情，形不成对别人的感染力，很难有追随者。

四是肯奉献有胆略。在社会活动中，往往你收获的与你付出的存在正比关系，只有你频频地把好处让给别人，你才能获得大家的拥护和爱戴，有更多的人就跟你走。总爱占别人便宜的人，没有作为领导者的道德权威。现在经济社会，不少家长总是让孩子占便宜，追求自己的好处，在群体中没有道义投入，是难以成为一个主导者的。

五是能吃苦能率众。在平时的各种活动中都不怕吃苦，敢于挑重担，在艰苦的环境中反而乐观，善于用吃苦为荣去说服群众，并以自己的实际行为感动群众，能让大家鼓起勇气克服困难而取得胜利，成为攻艰克难的带头人。可现在的家长在自己的言传身教中，使自己的孩子耍小聪明躲避困难，用优越的生活娇养孩子，孩子很难得到全面的锻炼。

六是勤学习好文章。在人生的主题学习的岁月里能积累大量的知识和能量，把学习当作自己的第一追求，从而提升自己的综合实力和领导能力，真心诚意地向书本学习，向社会实践学习，向周围的群众学习，并能在知识的积累中写得一手好文章，在群众中很有影响力。可在现实中不少家长未能引导孩子活学活用，提升自己的领导能力，总是以分数论英雄，甚至支持在网络中抄袭知识和文章，从而获得一种虚文虚名，于提升孩子的领导能力毫无作用。

648

大学生如何打造自己的领袖能力：

1.善于观察，勇于表达；正义在怀，不怕担事。

2.胸有主见，大胆拍板；自作主张，不要代替。

3.很有激情，胆识过人；敢于担当，不随大流。

4.真诚奉献，人品高雅；为人大度，不占便宜。

5.敢于吃苦，行动超群；埋头励志，不当娇宝。

6.勤奋学习，文章出众；众采博学，不做保守。

649

多躁者，必无沉潜之识；

多畏者，必无卓越之见；

多欲者，必无慷慨之节；

多言者，必无笃实之心；

多勇者，必无文学之雅。

650

一双刻薄的眼睛，看到的都是有缺点的人；

一双傲慢的眼睛，看到的都是愚蠢的人；

一双智慧的眼睛，看到的都是值得自己尊重和学习的人。

651

别人恃才自傲，你要虚怀若谷；

别人卖弄口舌，你要多思慎言；

别人拼命外显，你要韬光养晦；

别人你斗我争，你要以正化解；

别人争破头颅，你要以退为进；

别人狂想蛮进，你要能屈能伸；

别人趾高气扬，你要谦虚谨慎。

这才是做人的正确选择。

652

青年人在社会交往中，要使自己意识到，你的同学、老师、朋友，都是你的事业发展、人生进步中最宝贵的资源。你与其中那些优秀的人交往的经历，会对你的事业成功、家庭幸福起到决定性的作用。他们的人品，他们的情怀，他们的精神，是我们前进的动力。

成大事者必须依靠五种人：高人、贵人、内人、对手、小人。五种人各有各的作用：高人开悟，贵人相助，内人支柱，对手激励，小人警醒。

653

举目唯直终必弯，养狼当犬看家难；

墨梁鸬鹚黑不久，粉刷乌鸦白不坚；

蜜浸黄连终必苦，强摘瓜果不能甜；

好事总得善人做，哪有凡人做神仙。

654

生活中的十六个好：

钱多钱少，够吃就好；人美人丑，顺眼就好；

人老人少，健康就好；家富家穷，和气就好；

孩子长大，懂事就好；房大房小，能住就好；

名不名牌，能穿就好；谁是谁非，天明就好；

老婆唠叨，理解就好；丈夫应酬，回家就好；

事情繁多，放开就好；生活矛盾，能忍就好；

碰到难事，放下就好；你好我好，大家都好；

千好万好，知足最好；人的一生，平安最好。

655

我们每个人在学校学习的知识80%终生用不上，我们实际上一直在学习一种学习的方法。走向社会，我们都要重新学习。触类旁通、举一反三，这就看你的本事和悟性了。具有不断学习能力的人一定是社会适应力强的人，这就要求我们学会学习。树立学习的愿望，掌握学习的方法，成功就离你不远了。

656

我们青年大学生每天除了完成学业外还要做好三件事：一是找到我仰望的人，二是找到我期盼的人，还有就是找到我要追赶的人。

657

以关怀代替质问，以建议代替责难，以暗示代替直言。心柔顺，一切就安定；心清净，生活就美好；心快乐，幸福就到来。

658

做人做事要八到：眼到，眼中有活，眼看玄机；耳到，善于倾听，听中有悟；手到，动手做事，磨炼技艺；脚到，快人一步，勤敏利索；嘴到，能说会道，关系融洽；身到，扑身干事，感动人心；意到，心领意会，沉稳可信；心到，恒心坚持，成功在望。

659

妻子想要你买点奢侈品，其实要的丈夫的舍得；

妻子想要你出差的礼物，其实要的丈夫的挂念；

妻子想要你送生日礼物，其实要的丈夫的心思；

妻子想要你经常的拥抱，其实要的丈夫的温暖；

妻子想要与你斗嘴吵架，其实要的丈夫的包容；

妻子想要获得的一切，无非是要丈夫在乎她的感觉。

660

不勤学则一辈子受辱，积财千万，不如薄技在身，学习好比种树，春天赏玩花朵，秋天收获果实。我们要真心诚意向出类拔萃的人学习，我们要趁早勤学，我们要追求学习的实用性，我们要讲究学习的方法。学问无处不在，要和现实结合起来。勤学是人的立身之本，不勤学，一辈子都不得安宁。

661

我们要有勤学的毅力，学习苏秦用锥子刺大腿防止瞌睡，影响学习；学习孙康借助雪地里的光源苦读诗书；学习车胤用袋子收集萤火虫来照明读书；学习朱詹家境极为贫寒，抱狗取暖御寒仍然苦学不辍。他们最后都成了令人敬重的学士。

662

读书所学到的学问是你随身的财产，我们在什么地方，学问总是跟我们在一起，帮助你奋进不止。

663

不成熟的人有五个特征：一是做事要得到立即的回报，不懂得春天播种，秋天才会收获的道理；二是不能自律，放纵自己只会失去群众的信任；三是经常被情绪所左右，这样的表现显得没有自控能力，群众就会离开你；四是不愿学习，总是自以为是，没有归零的心态；五是做事情不靠信念，总是人言亦言，没有自己的正确主见。

664

人生就是一次踏进浩瀚大海的航行，体魄是行动的前提，勇敢是内在的动力，智慧是坚强的后盾，应变是进取的利器，合作是成功的保障，最终才会到达彼岸。

665

英雄气概是青年大学生应修炼的本能，聪明秀出谓之英，胆力过人谓之雄。英雄者，一要有凌云之志，二要有气吞山河之势，三要有腹纳九州之量，四要有饱学群书之能，五要有包藏四海之胸襟。

666

甘于担当是一种情操：大事难事看担当，逆境顺境看襟怀，临喜临怒看涵养，群行群止看识见。大事难事看担当，勇挑重担不畏难。莫道前方路渺茫，登上坦路会有期。待到山花烂漫时，人生处处独风流。担当是一种高尚的道德品质，是一种崇高的精神境界，是一种催人奋进的力量，是一种不辱使命的气概。

667

一笑忧愁跑，二笑烦恼消，三笑心情好，四笑不变老，五笑兴致高，六笑幸福绕，七笑快乐到，八笑收入好，九笑步步高，十全十美乐逍遥。

668

遵循简单才不会累，学会忘记才不会愁，
懂得惧怕才不会危，甘于柔弱才不会伤，
保持低调才不会亏，愿意放弃才不会苦，
适度知足才不会悔，记住感恩才不会怨，
知道珍惜才不会愧。

669

来说是非者，定是是非人。不做是非人，首先是不说是非。我们要不听是非，不讹传是非，不挑拨是非。

670

世上有三样东西是别人抢不走的：一是吃进胃里的食物，二是藏在心中的梦想，三是读进大脑的书。

671

心若住于情，必为情所困；心若住于财，必为财所累；心若住于权，必为权所害。无形无我，才无百忧。

672

古人云："宰相肚里能撑船，将军额上能跑马。"此乃高层领导者的情商所至，高情商是优秀领导者所应追求的境界。情商的高低不同，决定你的境界高低。领导者有三种境界：一是没有能力，但有脾气；二是有能力，也有脾气；三是有能力，但没有脾气。其实质就是情商高低的不同。决定一个人的事业成功与否。20%归功于智商，36%归功于情商。杰出的领导者与平庸的领导者的区别，至少有90%的因素与情商有关。

673

一个成功者需要对自身情绪和周围人群情绪进行有效的认知、控制和管理。因为情商包含两个方面的智能：一是了解自我的奋斗目标、干事的意图、对事物的反应、所采取的行为和其相关应变的技能等；二是了解他人的情绪，准确地评价他人情绪的状态，并成功影响他人的思维和行为。这两种智能就是一个人的情商高低检测器。

674

真心的修养，接受人生的考验

受之于难，以观其忠；发之于富，以观其善；

赴之于战，以观其勇；陷之于贫，以观其坚；

敬之于长，以观其孝；理之于财，以观其清；

善之于众，以观其顺；用之于权，以观其公；

处之于逆，以观其节；从之于商，以观其诚；

交之于友，以观其义；托之于事，以观其信；

成之于事，以观其能；问之于理，以观其明；

感之于冤，以观其量；见之于乱，以观其德；

任之于职，以观其责；排之于险，以观其智；

管之于细，以观其心；持之于恒，以观其真。

675

学者因书而尊，

智者因书而高，

贫者因书而富，

富者因书而贵。

676

会读书的儿童最可爱，

会读书的青年最聪明，

会读书的女人最漂亮，

会读书的领导最勤政，

会读书的老人最长寿，

会读书的民族最兴旺。

为实现中国梦而读书！

677

挫折应该是常态，

顺利才是例外。

这就是强者的生活观！

678

苦而不言，喜而不语。

才是人生最高境界。

679

小成靠勤，中成靠智，

大成靠德，终成于道。

这就是成功的四层境界！

680

我没有靠山，自己就是山。

我没有天下，自己打天下。

我没有资本，自己赚资本。

这个世界从来没有什么救世主。

681

做人：对上恭敬，对下不傲，是为礼；

做事：大不糊涂，小不计较，是为智；

对人：表里如一，真诚以待，是为信；

对利：能拿六分，只拿四分，是为义；

恪律：守身如莲，香远益清，是为廉；

修心：优为聚灵，敬天爱人，是为仁。

682

如果你整天不好好读书，成天把玩弄手机微博、百度当成自己的知识，你只会被机器人取代，一个人的生存就没有什么价值了！这是网络时代的新危机。

683

多要求自己，你会更加独立；

少要求别人，你会减少失望。

见识越广，计较越少；

经历越多，抱怨越少。

越闲越矫情。

684

衡量一个人成功的标志，不是看他登到顶峰的高度，而是看他跌到低谷的反弹力。

你把身边的人看成草，你被草包围，你就是"草包"；

你把身边的人都看成宝，你被宝包围着，你就是"聚宝盆"。

我们要懂得欣赏别人的长处。

685

任何时候，一个人都不应该做自己情绪的奴隶，不应该让一切行动都受制于自己的情绪，而应反过来控制情绪，善于把自己从黑暗中拯救出来。

人要具备两种功夫；一种是本分，一种是本事。做人靠本分，做可靠本事。

686

你的忍耐力有多强，你的成功就会有多大；你的承受力有多大，你的成功就会有多大。

菩萨心肠，如来智慧，霹雳手段。换句话说，就是要有良心，有头脑，有决断。这是优秀领导的素质。

687

以舍为有，则不贪；

以忙为乐，则不苦；

以勤为富，则不贫；

以忍为力，则不惧。

最贫穷的人并不是身无分文，而是毫无梦想。有的人盲目追求高学历，人品好才是一个人的最高学历。

688

批评别人时，要花双倍的时间表扬他。要学会寻找别人的优点去赞美他。

别人有喜庆，不可生妒忌心；

别人有祸患，不可生喜幸心。

689

相信自己比依赖别人重要，用尽心机不如静心做事。

说己长便是短，自知己短便是长。一贯正确，隐含着许多错误。

690

拥有，不一定很开心，因为还可能失去；失去，不一定要伤心，因为还可能拥有。

如果你做的事情毫不费力，那就是在浪费时间。

691

内心虚弱的人才要经常夸自己善良，真善良的人都是有口皆碑，无需自吹。

你有信仰，你就年轻；

你若疑虑，你就衰老；

你有自信，你就年轻；

你若恐惧，你就衰老；

你有希望，你就年轻；

你若绝望，你就衰老。

692

外貌，让别人认得你；

内在，让别人记得你。

外貌是可以改变的，

只有内秀才具有恒定的价值。

阳光可以遮盖阴影，

快乐可以吞噬痛苦，

开朗可以战胜沉闷，

善良可以淹没邪恶，

积极可以消灭颓废。

有太阳的地方，阴影就少。

693

迁就世俗，一时无忧；

违背内心，永远痛苦。

人一生有三次长大的过程：

第一次是发现自己并不是世界的中心的时候；

第二次是发现自己再怎么努力还是有些事做不到的时候；

第三次是在明知有些事做不到，但还是尽力争取的时候。

这是成长中的三座里程碑。

694

人生的高度：

一靠实力，二靠选择，三靠坚持，四靠境界。

这样有时失去即得到，挫败即成功。

"路"是由"足"和"各"组成的，

足表示路是用脚走出来的，

各表示各人有各人不同的路。

努力走好自己的路。

695

愚者以为幸福在遥远的彼岸，

聪明者懂得将周围的事物培育成幸福。

在这个世界上，一切取决于学习；

勤奋读书学习就是一个艰苦磨练，积累知识和智慧的过程；不经风雨，怎能见彩虹！

696

德不称其任，其祸必酿；

能不称其位，其殃必大。

如果你看到前方有阴影，别怕，那是因为你身后有阳光。

697

漫不经心的恭维只应相信一半，郑重其事的恭维根本不要相信。

永远昂起头颅，永远看到阳光，那么你的心就是宇宙，人生就是奔流的长河。

698

做人的四个准则：

生活中不刻意伪装，

工作里不过度张扬，

倾听时不着急解释，

说话时不有意冒犯。

699

在这个世界上，不要太依赖别人，

即使是你的影子，也会在黑暗中离开你。

智者不为他缺少的东西悲哀。只为他拥有的东西高兴。

只有弱者才需要通过伤害别人来证明自己的强大。

700

善良不能仅存于内心，当你可以帮助别人时，不要吝啬。世界将因你的举手之劳，变得更加美好。

701

每个人手里都掌握着让自己伟大而幸福的工具，要使自己幸福和伟大，主要在于改变自己的能力，改变能力就在于勤奋学习，学习是每一个要改变命运，开发自身潜能的人的头等大事。

702

专业的好坏是相对的、辩证的。不要用利益的标准来衡量专业的好坏。挑专业就是挑兴趣。挑你喜欢的、学你热爱的，工作起来就有更多的快乐，生活会有更高的品质。看自己喜欢的书，是人生一大享受。

703

知识决定一个人的气质、趣味、眼界、欣赏水平、价值观……这些都是影响生活质量的关键因素。这些都是知识熏陶的结果，而不是金钱兑换的产物。

704

你要利用大学校园难得的自由，多读些书。趁年轻，认认真真跟好书来一次热恋。读书像交友，要仔细甄别，非善勿迁。

705

如今这个年代，需用实力说话。一个人如果不想过低三下四的生活，就必须有能让自已抬头挺胸的资本。你要抓住机会，提高自己，直面风雨人生，迎接时代挑战。

706

一个人的漂亮、有魅力不仅仅是指外表。言谈举止，会传递一个人的气度；接人待物，可展示一个人的修养。内外兼修很重要，知识是最好的化妆品，良好的素养会让人更有魅力，这是一种岁月都无法剥夺的吸引力。

707

恋爱很严肃，对待需认真。感情不是拿来玩的，恩爱不是用来秀的。真爱深沉而非浅薄，真心无私而不贪婪。

708

大学是读书之所，也是交友之地。人的一生一定要有几个交情过命的朋友。快乐有人分享，你会更快乐；悲伤有人分担，你不会太悲伤。各地都有人值得你牵挂，到处都有牵挂你的人，你会觉得世界充满阳光，心里如沐春风。

大学宿舍，四人一寝，大家远道而来，是前世定下的相遇。遇事能让则让，有难可帮就帮。与人玫瑰，手有余香。

709

时间最易得，但也最不为人所珍惜。记得少年骑木马，转眼已是白头人。大学生不可花太多时间搞一些没有意义的社团活动，更不要花很多的时间上网和玩手机，这样就可排除来自外界的干扰，把时间花在更有意义的事情上。

710

没有伟大的意志力，便没有雄才大略。每个成功者的后面都有很多不成功的岁月。

有苦有累的人生，才能获得有声有色的未来。

711

到任何值得去的地方都没有捷径。肤浅的人相信运气，而成功的第一秘诀是自信。

心怀伟大的理想，你将会变得伟大。实现明天理想的唯一障碍是今天的疑虑。

712

每个人都是自己命运的建筑师。

你有价值，你的付出才有人重视。

靠山山会倒，靠水水会流，靠自己永远不倒。只有不断找寻机会的人才会及时把握机会。

713

求万事之荣，不如免一事之辱；邀千人之欢，不如释一人之怒。

人生辛苦，在于你做了太多自己不喜欢的事。你喜欢，人生就快乐。

714

你把自己为难够了，别人就不来为难你了。成长过程就是一种磨练的过程。

行善之人，如春园之草，不见其长，日有所增。作恶之人，如磨刀之石，不见其损，日有所亏。

积德虽无人见，行善自有天知。

人为恶，祸虽未至，福已远离。

715

临危而不俱，途穷而志存；

苦难能自立，责任揽自身；

情深能德报，美丑辨分明；

名利甘居后，为理愿驰骋；

仁厚纳知已，开朗扩胸襟；

当机能立断，遇乱能慎行；

忍辱能负重，坚忍能守恒；

临弱可落泪，对恶敢拼命；

功高不自傲，事后常反省；

举止终如一，立言必有行。

此乃做人的气质。

716

人生十二忌：

一忌有志不恒，二忌信用不诚，三忌交友不慎，四忌不懂装懂，五忌交浅言深，六忌财源不明，七忌自卑自怜，八忌时光滥用，九忌浅尝辄止，十忌只说不行。

在这个世界上没有两个人互相分担彼此的病痛，但成功都是与人分享的。

717

　　浅薄的人相信运气或境遇，坚强的人相信奋斗与拼搏，聪明的人相信学习和团结。

　　渔夫知道大海危机四伏，但他们从来没有因为这些挑战而一直留在岸口，懂得知难而上方为勇，苦难浇灌的花更鲜艳。

718

　　财富可以储存，但时间不能储存。你怎么花时间，决定了你一生的生活品质。一个人生活要的是品质，而不是物质。

　　弯腰只是为了拾起丢掉的幸福，往往死撑到底的人都成了孤家寡人。

719

　　原谅你的对手，因为没有什么比这个更让他苦恼的了。胸怀如海的人自贵。

　　智慧人的圈子，谈的是给予，交流的是幸福。只有循道而行，才会获得真正的富足。

720

　　前进只需要一个理由，后退却有千百个理由。怕，只好让；让，只好败；败，只好去悔恨。

　　人生短暂，承载不了太多的悔恨。

　　一个强大的人，不会把太多心思花在取悦和亲附别人上面。只要自己修炼好了，自然有人靠过来。

721

　　求学者的心态就是永远充满好奇，以强烈的求知欲和赞美心态去面对世界。

智者守己，愚者议人。只有持正把握先机，才能获得更多。

毫无经验的初恋是迷人的，但经得起考验的爱情是无价的。

722

一个阴天不是因为缺乏阳光，其实乌云后边的太阳依旧灿烂。阳光总在风雨后。

723

知识可以传授，但智慧是不能传授的。人们可以寻找智慧，在生命中体现出自己的智慧，以智慧自强，以智慧来创造奇迹。

724

从长远来看，捷径往往就是最艰难的路径。只要勇于面对现实、勇敢的前行，光明就在前面。w

725

一个人的自负皆来自于自己的自卑，一个人的英雄气概首先是排除了自己的软弱，嘴里振振有词是因为心里没有怀疑，深情是因为痛恨自己无情。

726

青春的可爱，便是你能够有足够的时间去读书学习，积累知识，为创造美好的人生用知识去武装自己。

727

最重要的是学会一个人单独待着，坚持看书学习、不听广播、不抽烟、不喝酒、不为闲情所动心，这就是一位学者的品行。

728

让人迷茫的原因只有一个，那就是本该拼搏的年纪却想得太多，做得太少，梦幻太多，读书与实干太少。

729

在现实社会中你要看懂一个真理：对手往往是帮助你成功的人。去向那个打你的人学习吧，直到你变得比他更强。

730

有些事情不是看到希望才去坚持，而是坚持了才看得到希望。成功有时缘于耐得住寂寞。

731

善人不怨人，怨人是恶人。贤人不生气，生气是愚人。在朋友和家人面前，要给爱人留足面子。

732

少和社会较真，因为较不起；不和小人较真，因为不值得；别和朋友较真，因为不能弃；莫和亲人较真，因为伤和气。要多跟自己较真，可以长能力。

733

高尚的人生存的目的，是燃烧自己照亮别人；低微的人生存的目的，永远只是看着别人燃烧，让别人的光芒来照亮自己。

734

你所做的事情，也许暂时看不到成功；不要灰心，你不是没有成长，而是在扎根。只有根深了才会叶茂。

735

　　从不浪费时间的人，没有工夫抱怨时间不够，因为抱怨的口水是浇灌不出美丽的花朵的。

736

　　人生的打造第一是人格、观念、理想、方向；其次才是习惯、技能、步骤、方法等。如果你反过来你就是生活中的盲童。

737

　　人生最大的魅力不是荣誉，而是责任；

　　最好的教育不是灌输，而是启迪；

　　最宽的道路不是大道，而是坦途；

　　最快的脚步不是跨越，而是继续；

　　最险的道路不是陡坡，而是陷阱；

　　最大的幸福不是得到，而是拥有；

　　最贵的财富不是金钱，而是健康。

738

　　养生智慧的四个"不"：

　　喜不大笑，怒不暴跳，哀不嚎啕，乐不轻佻。

739

　　有时候，伤痛也是一种美，伤透了就会清醒，给自己一个清新的自己，一个勇往直前的自己。

740

不要太在意别人的看法，否则会把自己累死，搞不好还会被别人整死。刀枪之伤易好，恶语之伤难愈。

741

用脑看事，用心倾听；

居心正大易，处世不容难。

喜欢出风头的人，虽会被注视，却不会受重视。

742

一个人的错误，往往产生于无知，

一个人的失败，一定会受害于谎言。

天外有天，人上有人，淡泊明志，宁静致远。不要自视清高。

743

言而有信，种下行动就会收获习惯，种下习惯便会收获性格，种下性格便会收获美好命运。不要盲目承诺。

744

不要轻易求人。能够认识别人是一种智慧，能够被别人认识是一种幸福，能够认识自己是圣者贤人。

745

不要强加于人。人本是人，不必刻意去做人；世本是世，无须精心去处世。要看懂自然，回归自然，做一个天然合一的人。

746

不要取笑别人。损害他人人格，快乐一时，伤害一生。学会感恩，感恩大自然的福佑、父母的养育、社会的安定、饮食的香甜、衣物的温暖、花草的美丽，还要感恩人生苦难的磨炼。

747

不要乱发脾气。一伤身体，二伤感情。退一步海阔天空，忍一时风平浪静。牢骚太多防肠断，风物长宜放眼量。

748

不要打断人家说话。言多必失，沉默是金，倾听是一种智慧，一种修养，一种尊重，一种心灵的沟通；平静是一种良好心态，一种成熟。

749

不要小看仪表。穿戴严谨，收获幸福。仪表是一种心态的展示，仪表也是一种力量，在自己审视美的同时，也让别人欣赏美，心灵不断的调适、修炼、超越才是做人的修养。

750

不要封闭自己。帮助人是一种崇高，理解人是一种豁达，原谅人是一种美德，服务人是一种快乐。月圆是诗，月缺是花；仰首是春，俯首是秋。

751

不要欺负老实人。同情弱者是一种品德，一种境界，一种和谐。心理健康，才能身体健康，人有一份气质，便多一份人缘；人有一份人缘，便多一份事业；积善成德，修身养性。

752

饮茶时不过两种姿势，拿起、放下。人生如茶，沉时坦然，浮时淡然。

753

如果你能找到人人都同意的事情，那事情一定是错的。越是看似完美的东西，越要小心对待。

754

越是荒凉的地方，越有春天的迹象；越是忙碌的地方，越是有出息的地方。春天洒下的汗水，将会化作秋天的丰收。

755

别生活在幻想或忧虑里，未来的事你不知道，过去的事你改变不了。把握好当下最重要。

756

有的人总是羡慕他人，这是一种麻木沉沦，我们要学会振作自救。其实路有千万条，该扛起时，别推卸责任，别轻易把抱怨养成习惯。

757

当你准备好时，便无所畏惧；当你不做准备时，那就准备接受所有的畏惧。因为天下没有免费的午餐。

758

心房要温暖，心田要宽敞，心怀要包容，心灵要纯洁，心境要美丽，心莲要高洁，心灯要明亮，心光要闪亮，心地要悲悯，心香要沁人，心花要绽放，心海要澎湃。

759

面对挑战要像"帅"，生死关头仍然从容面对。干事业要像"卒"，虽然走得慢，但是不会退缩。遇到机会要像"车"，在大难面前，从不畏首畏尾。办事说话要像"象"，守住自己的底线，即使那边的风景再美好也不逾越。

760

友谊是看出朋友的缺点却不张扬，这是做人的基点；真正的魅力是能够宽容别人，而不是惩罚别人。

761

正人如松柏，特立而不倚；邪人如藤萝，非依附他物而不能自起。

762

大学生之"大"的含义为博学、善学、苦学，永不放弃学习。无一事不学，无一时不学，无一处不学，此乃大学生之真正名谓也，也是大学生成功之路，成才之路，辉煌之路。

763

人生最大的战略选择就是刻苦学习，学习无限是我们每个大学的本质要求。每个人的青春最可爱之处，最大的骄傲就是坚定自己的学习意志。青年大学生最大的激情是追求美好的理想，以及用自己的勤奋学习去报效自己的祖国。

764

快过春节了，送大家两句话：

天纵之才不可忽视勤奋学习；

青云之志切忌忘记继续深造。

765

凡是走进大学之门的青年学生，首先是学会做人，学会学习，毕业后要学会创新，奉献社会，服务人民。得人者得天下，要以德服人。

766

迈步入校园，实感父母恩，五湖四海友，语言面貌新，

入学第一课，读懂南理情，一同搞军训，为国苦练兵；

校园有长廊，避雨又遮阳，图文藏万卷，学者探寻真，

山林听鸟语，潭影映人心，曲径通幽处，总有读书声。

校友同仁遍中华
字里行间悟真情

2011年8月18日至2014年8月17日，校友同仁发来的问候信息辑录

1.有一把伞撑了很久，雨停了也不肯收；有束花闻了很久，枯萎了也不肯丢；有一种朋友希望能做到永久，即使青发变白发，也能在心底深深保留！天天快乐。

2.海豚想给天使一个吻，可惜天太高了；天使想给海豚一个吻，可惜海太深了；我想给你一个拥抱，可惜太远了；只有发个短信轻轻地告诉你。我非常想念你。

3.多一点快乐，少一点烦恼，不论钞票有多少，只要每天开心就好。累了就睡觉，醒了就微笑，生活是什么滋味，自己放调料。收到我的短信，就开心地笑一笑。

4.祝您一笑忧愁跑，二笑烦恼消，三笑心情好，四笑不变老，五笑兴致高，六笑幸福绕，七笑快乐到，八笑收入好，九笑步步高，十笑停！再笑牙齿小心掉！

5.如果心是近的，再远的路也是短的；如果开心是蜜做的，再苦的海水都是甜的；如果你收到我的短信了，工作再累再忙也是快乐的。

6.幽然又闻艾叶香，把酒共饮情更长；香粽传递世间情，雄黄浅尝保吉祥；世世代代端午节，岁岁年年人盛旺。祝端午节快乐！

7.以鱼翅燕窝养养胃，用清新空气洗洗肺，让灿烂阳光搓搓背，找群朋友喝个小醉，像猫咪那样睡一睡，忘却辗转尘世的累。祝你端午节快乐！

8.被惦记是温暖的，被祝福是快乐的，被祈祷是神圣的，被保佑是安全的，你是被我惦记着、祝福着、祈祷着、保佑着的真心朋友，祝你端

午节快乐！

9.温柔的心是送给伤心的人，浪漫的心是送给有情的人，永恒的心是送给等待的人，愉快的心是送给寂寞的人，我愿把一颗祝福的心送给正在看信息的人！

10.什么是距离产生美：海潮，放远了倾听才觉得深邃；山峰，放远了观望才觉得秀美；忠告，放远了品味才觉得亲切；友情，放远了回忆才觉得珍贵。

11.茶，苦而后甘，令人回味；酒，绵而后劲，教人称爽；泉，清而味淡，却用一生来品出甜；一位好朋友，如茶、如酒、如泉，让人受益一生！

12.热热的天，开心的你，特别的日子要注意身体；清清的风不平凡的你，不要让无情的太阳晒着你；暖暖的阳光柔情的你，在这炎热的天气里要照顾好自己！

13.早晨是美好的开始，夜晚是烦恼的结束，晴天给你所有快乐，雨天冲走所有忧愁，不论早晨、夜晚，不论晴天、雨天，愿幸福快乐常陪伴你左右，开心度过每天！

14.许一个美好的心愿，祝你快乐连连。送一份美妙的感觉，祝你万事圆圆。发一条短短的信息，祝你微笑甜甜。

15.送你阳光，替你把疲惫蒸发；送你细雨，替你把劳累冲刷；送你流星，替你带去好梦；送你彩霞，替我捎个话；祝你开心每一天，幸福每一秒！

16.八一告诉人生八个一：一副好身板，一个好家庭，一份好事业，一所好住宅，一辆好车子，一个好爱人，一世好心情，一个好朋友。祝你八一节快乐！

17.给生活轻松灿烂的笑容，给思念自由飞翔的翅膀，给幸福永恒不枯的生命，给朋友一生一世的友谊，给我的心上人所有的祝福。

18.中秋节快到了，送你三个情人吧！一个会陪你终生，另一个会常伴你左右，还有一个会永远在你心中！他们是"健康、平安和快乐"。

19．你是我的全部你知道不，你是我的最爱你知道不，你是我的生命支柱你知道不，你是我活着的理由你知道不，我发错短信了你知道不？

20.送个短信祝福您，深深表达我的心意，辛勤的汗水是您无私的奉献，桃李满天下是您最高的荣誉，祝教师节快乐幸福常在您心底。

21.一千朵玫瑰给你，要你好好爱自己。一千只仙鹤给你，让烦恼远离你。一千颗幸运星给你，让好心情天天都能找到你！教师节快乐。

22.园丁的汗水在绿叶上闪光，教师的汗水在心灵中结果。老师您为花的盛开、果的成熟忙碌着，祝教师节快乐！

23.生命中有你感觉精彩，回忆中有你感觉温馨，旅程中有你感觉骄傲，失落中有你感觉坚毅，沉默中有你感觉灿烂，朋友中有你感觉幸福！

24.送一份美让你欢笑，送一份祝福让你骄傲，送一份开心让你不老，送一份梦想让你逍遥，再送你平安才算可靠，希望我是第一个祝你中秋快乐的人！

25.一壶老酒，绵香醇厚。一首老歌，情意绵绵。一段岁月，天长地久。一句祝福，伴您左右。一个朋友，知心牵手。一条短信，送去问候。祝你国庆快乐！

26.人生有朋友牵挂，有事业而从容，有成就而自豪。有爱与被爱而幸福，有希望而奋斗，有健康而快乐，祝你应有尽有，预祝中秋、国庆快乐！

27.酒杯里飘出的是真情，咖啡里品尝的是浪漫，清茶中感觉的是回味，白水中体味的是生活，信息里传送的是友谊，问候中有我的最真的祝福！中秋快乐！

28.盛世中秋节，四方团圆夜，短信寄千里，共赏九天月，月圆映天缘，快乐永无限，祝君好时运，万事皆随愿。

29.偶尔的繁忙，不代表遗忘：秋天的到来，愿你心情舒畅。曾落下的问候，这一次补偿；所有的关心，凝聚这条短信，祝愿中秋快乐！

30.时逢中秋送祝福：一祝金玉堆满堂，二祝四季永平安，三祝每日精神好，四祝全家没烦恼，五祝人生春常在，六祝事业步步高，中秋快乐！

31.点点祝语，带着点点深意；片片花香，片片是我的关怀；句句问安，句句是我的祝福。愿我的祝福将你围绕，中秋的日子一天比一天好！

32.月光很美，比不上朋友的安慰；星光很美，比不上友情的点缀；夜景很美，比不上友谊的珍贵：愿你夜夜都有好梦想陪，天天都有快乐相随。

33.心愿是风！快乐是帆！祝福是船！心愿的风，扬着快乐的帆，载着祝福的船，飘向幸福的你，轻轻地对你说：国庆节快乐！全家身体安康！

34.从未做过贼，却想偷个幸福给你！从没坑过人，却想骗个快乐给你！

从未害过谁，却想拐个开心给你！从没有赖过谁，却想抢个平安给你！

35.又是一年秋叶黄，一场秋雨一层凉，整日忙碌太辛苦，天凉别忘添衣裳，爱惜身体加营养，珍祝情谊常想想，信短情长言未尽，唯愿你要多安康！

36.昨天遇到天使在淋雨，我便把伞借给了她，今天她问我是要荣华还是富贵，我说什么都不要，只要祝愿在看短信的人，身边永远都是晴天。

37.一丝真诚胜过千两黄金，一丝温暖能抵万里霜寒，一声问候送来温馨甜蜜，一条短信捎去我的心意，忙碌的日子，好好关爱自己！！

38.天气凉了，送件外套给你，前面是平安，后面是幸福，吉祥是领子，如意是袖子，快乐是扣子，口袋里满是银子，可以花一辈子，祝事事顺心！万事如意！

39.晚上笑一笑，睡个美满觉；早晨笑一笑，全天生活有情调；工作之余笑一笑，心会跟着音乐跳；发条短信笑一笑，一切烦恼都忘掉。

40.最美是过程，最难是相知，最渴望是结果，最苦是等待，最幸福是真爱，最怕是无情，最悔是过去，最开心是有你这么好的朋友！

41.因为有你的挚诚，雪化了。因为有你的爽朗，天晴了。因为有你的笑容，风停了。因为有你的热情，空气暖了。因为有你这个朋友，我也快乐了，祝节日快乐！

42.风，带来轻盈；水，带来温柔；雾，带来朦胧；海，带来宽容；月，带来温馨；日，带来热情；我，带来真心的祝福。祝国庆快乐，事事如意！

43.想给你五千万！千万要快乐，千万要健康，千万要每天看看花草，千万要每天喝点酒，千万莫忘我。祝您节日快乐！

44.祝您：身体泰和，出入靖安，生活永新，事业都昌，前途安远，职位上高，财源广丰，钱包铜鼓，花容宜春，风姿玉山，心情乐平，岁岁吉安。

45.健康是最佳的礼物，知足是最大的财富，信心是最好的品德，关心是最真挚的问候，祝福是最温馨的话语，这一切都属于您，祝您节日快乐！

46.不见面不等于不思念，不联络是为了掩饰深深的眷恋！时间会延续真挚的情感，空间能容纳美好的祝愿！即使没有打电话发信息，我也会默默祝你快乐每天！

47.雁过无痕，叶落无声，美丽是些具体而实在的东西，无处不在守候着你。感激这个世界的魅力，感激你的存在，感激我们的相识。感恩节快乐！

48.有种友情事过境迁，依然纯朴；有种信任事过多年，依然怀念；有种问候清清淡淡，却最真诚；有种真情无须挂齿，却心神领会。周末快乐！

49.天远惠山下，冷月伴清吟。佳节已渐过，依稀离乡情。小坐静忧思，心乱无所倚。感怀情忧怯，冒然长叹惜。（将句首字连起来为"天冷加衣，小心感冒"。）

50.青青河边草，把你忘不了；快乐像小鸟，天天没烦恼；想起你的好，知己太难找；朋友也不少，就是没你好；祝你青春不会老，爱情更美好，生活比我千倍好。

51.曾经拥有的，不要忘记；已经得到的。更要珍惜；属于自己的，不要放弃；已经失去的，留做回忆；想要得到的，必须努力；但最重要的，是自己好好爱自己。

52.叠一只弯弯的纸船，装满我的思念，乘着如水的月光，漂到你的床前。用这弯弯的纸船，停泊在你的枕畔，让我的思念与祝福守护你的睡眠，愿美梦连连。

53.我愿：今天的你是快乐的，今晚的你是舒心的，今夜的你是甜密的，今年的你是顺利的，今生的你是幸福的，今世的你是健康的。元旦快乐！

54.冬语悠悠，晨意浓浓，款款问候，绵绵祝愿！不变的心境，不褪色的真诚，在元旦来临的日子里，愿你幸福快乐安康。

55.让快乐与你紧紧拥抱，让烦恼低头悄悄走掉，让健康吉祥对你关照，让幸福永远对你微笑！元旦快乐！平安快乐！

56.悄悄为你降临的是平安；静静为你绽放的是温馨；默默为你祝愿的是幸福；深深为你期待的是成功。送上我最真诚的祝福：元旦快乐！

57.我在乎生命中经历的酸甜苦辣，在乎人生随处而见的真诚和感动。我不完美，可我懂得珍惜生命中的每一位一起走过来的好朋友！

58.新年新航程，新事新时空，新境新生活，新风新价值，新运新福祉！祝元旦快乐！

59.敲响的是钟声，走过的是岁月，留下的是故事，带来的是希望，盼望的是美好，送给你的是幸福。我祝你新年快乐，幸福无限！

60.摘1000颗星星照亮你的前程，种1000朵玫瑰陶醉你的心情，叠1000个仙鹤陪你时刻欢乐，找1000种理由祝你新年快乐！

61.新的一年，新的开始，新的一年，新的希望；新的一天，新的阳光，新的一天，新的追求；播下新的梦想，翻开新的一页，写下新的辉煌。祝全家新年快乐!

62.装满一车幸福，让平安开道；抛弃一切烦恼，让快乐与你拥抱；储存所有温馨，将寒冷赶跑；释放一切真情，让幸福永远对你微笑!

63.寒冷的温度冬知道，我的祝福你知道。没有华丽的词，只希望在寒冷的季节，为你送上暖暖的问候，大寒已至，请你添衣防寒，预防感冒。

64.星星多的地方黑暗就少，笑容多的地方烦恼就少，有知己的地方寂寞就少，知识多的地方心情就好，心情好的时候一切自然好!

65.想你想得快完了，半夜眼睛都蓝了，买东西忘记给钱了，猪肉炖粉条都不馋了，1+1=3都觉得难了，赵本山都看成孙楠了，再不祝福你，2005年都过完了。

66.除夕包水饺，包祝福包美好，包团圆包情调，包一年好征兆，恭祝新年快乐!

67.万里长城永不倒，向你问声节日好；春风已过玉门关，祝你工资翻一番；每逢佳节倍思亲，月月都能拿奖金；桂林山水甲天下，钞票都在枕头下。祝新春快乐!

68.希望今天的你，拥抱快乐；今晚的你，享有甜蜜；今夜的你，梦想成真；今年的你，一切顺利；今世的你，快乐每一天!

69.日出东海落西山，愁也一天喜也一天；遇事不钻牛角尖，人也舒坦心也舒坦；常与朋友聊聊天，古也谈谈今也谈谈，不是神仙胜似神仙，愿你快乐一整年。

70.新的一年即将开始，愿好事接二连三，心情四季如春，生活五颜六色，七彩缤纷，偶尔发（八）点小财，一切烦恼抛到九霄云外，请接受我十全十美的祝福。

71.昨天拜年早了点，晚上拜年挤了点，明天拜年晚了点，现在拜年是正点。张书记、刘老师全家团圆、新春快乐、财源茂盛、万事如意，狗年旺旺！

72.聚喜马拉雅之阳光，拢天涯海角之清风，撷比尔·盖茨之财气，作为礼物送给你，祝你新年快乐！

73.祝你狗年长得狗靓狗靓的！挣的钱狗多狗多的！心情狗好狗好的！运气狗顺狗顺的！睡觉狗香狗香的！爱情狗甜狗蜜的！总之一切狗美狗美的！

74.打开的是吉祥，看到的是鸿运，接到的是祝福，遥想的是思念！祝你在新的一年里，所有的希望都如愿，所有梦想都实现，所有期待都出现，所有付出都兑现！

75.祝新的一年12个月月月如意，51个星期期期顺利，365天天天开心，8760小时时时快乐，5256000分分分精彩，31536000秒秒秒幸福。

76.大年三十晚吃年饭：先上一个菜，祝你有人爱；再上一个汤，身体永健康；喝上一杯酒，金钱天天有；再来一碗饭，亲情永相伴；最后一杯茶，生活永甜美！祝全家新春快乐！

77.神州流彩金鸡归，满园飘香狗王来，星移斗转又一春，辞旧迎新拜大年。恭祝新年快乐，万事如意，时运更旺！

78.欢欢喜喜迎狗年，万事如意平安年，扬眉吐气顺气年，梦想成真发财年，事业辉煌平安年，祝君岁岁有好年！

79.送上2006年春节赣式祝福：天地瑞昌，万民德安，身体泰和，生活永新，理想兴国，事业上高，财源广丰，积蓄万载，新年吉安，全家安福。

80.人依旧，物依然，又是一年到：想也好，念也罢，平凡见真诚；今儿好，明更好，朋友情更深；情也真，意也切，友谊驻心间！祝全家新年快乐！

81.没有声音，但有祝福；没有鲜花，但有真情；有来自内心最真诚的祝福：全家平安吉祥，万事如意。

82.请用一秒钟忘记烦恼，用一分钟想想快乐，用一小时与喜欢的人度过，用一辈子关怀最爱的人，然后用一个微笑来接收我提早传递给你的祝福！新年快乐！

83.新年祝福送四方：东方送你摇钱树，西方送你永安康，南方送你成功路，北方送你钱满仓。四面八方全送到，金银财宝当头照，新年快乐！

84.一家和和睦睦，一年开开心心，一生快快乐乐，一世平平安安，每天精精神神，月月喜气洋洋，年年财源广进，日日笑口常开。新春快乐！

85.愿你狗年开始：鼠钱不完，牛样健壮，虎虎生威，兔气扬眉，龙马精神，蛇得消费，马到成功，羊洋得意，猴会有期，鸡不可失，狗用就算，猪你发财。

86.在家顺，在外顺，心顺意顺，事业顺，前程顺，一顺百顺，天地顺，人情顺，风调雨顺，现在顺，将来顺，一帆风顺！祝你狗年六六大顺。

87.人生无需惊天动地，快乐就好！友谊无需甜言蜜语，想着就好！金钱无需车载斗量，够用就好！朋友无需遍及天下，有你就好！祝你好运多多，一年更比一年好！

88.天狗啸月万明来，无尽天空祥瑞开，众生得享甘露润，豪财纷纷入室宅。金龙得归江洋海，太平·盛世自此开。您的战友给你拜年。

89.朋友是天是地，有朋友可以顶天立地；朋友是风是雨，有朋友可以呼风唤雨。财富不是永久的朋友，朋友才是永久的财富。祝您和全家春节快乐，万事如意！

90.让平安为你开道，让快乐与你拥抱，让幸福陪你睡觉，让笑容投怀送抱，让烦恼悄悄走掉，让金钱对你关照！祝您看完信息，所有祝福都生效！新年快乐！

91.新春送祝福：愿你一年十二个月，月月健健康康，一年四季，季季平平安安，五十二周，周周精精彩彩，三百六十五天，天天快快乐乐。

92.999个祝福，888声平安，777句如意，666个顺利，555个快乐，444年拥抱，333个牵挂，222声问候，111句祝福，祝您节日快乐！

93.我的信息来啦：收到的人春风得意，阅读的人工作顺利，储存的人爱情甜蜜，转发的人大吉大利，删除的人依然好运！祝新年快乐！

94.日圆，月圆，团团圆圆！官源，财源，左右逢源！人缘，福缘，事事都缘！情愿，心愿，不断遂愿！元宵圆，月儿圆，您所有心愿圆又圆！

95.节日激情已退，生活回到原位，过年吃喝很累，餐餐都上美味，自己身体宝贵，开始清理肠胃，白天多喝开水，晚上早点去睡，你我友谊珍贵，上述提醒免费。

96.年过完了吧，人跑烦了吧，钱花光了吧，心也疼了吧，短信少了吧，没人理了吧，野不成了吧，老实呆着吧，幸福还有我，提前祝你情人节快乐！

97.人最感动的时刻，来自被朋友想起；最美的时刻，源于想起朋友；没有约定，却有默契，无论人在哪里，愿您每个日子里都有人惦记！

98.有情人终成眷属，没情人数不胜数，痴情人风雨无阻，薄情人如狼似虎，多情人疲于应付，真情人非你莫属！祝情人节快乐！

99.养性修身不拜禅，清心寡欲乐林泉。作诗能悟心灵窍，写字顿驱筋骨寒。书品常随人品好，今人不逊古人贤。霜生两鬓身犹健，无忧无病又一年。

100.大肚能容容天容地于人无所不容，开口便笑笑古笑今凡事付之一笑。

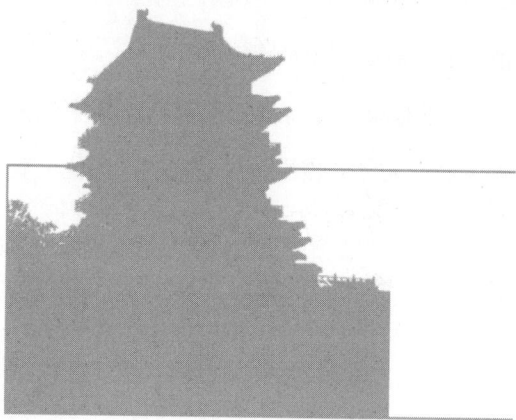

每逢佳节收短信
五湖四海情更深

2011年9月16日至2014年7月6日，佳节问候短信辑录

1.尊敬的导师张书记，您好！向杰出的教育家张书记学习！学习您与时俱进、终生学习的品质，学习您虚怀若谷、海纳百川之胸怀，学习您淡泊名利、诲人不倦的品格！邓从军以导师为荣！！谢谢！

湖北教育同仁：邓从军

2.张书记，在此谢谢您精心地给我们这些晚辈传递人生真理，我会好好思索，好好领悟其中真谛！当然，您的身体好是第一位哦，您要记得早点休息啊！您不能总是那么早就给我们发信息！您身体好才是真的好哦！

洛阳学生：陈奕

3.您一定多注意身体，张院长。您的文才一定会让后人记得，也一定会给我们年轻人留下人生财富！在您的指导下一定会有人才辈出的景象出现。

南昌学生：吴云岗

4.每天清晨收到您的至理良言如一股清新空气袭来，沁人心脾，催人奋进，平时我再偶尔翻阅，仍感触良多，受教匪浅，当以您为良师益友，谨遵教诲。

在校学生：庞聪

5.张书记，您的信息中讲的道理很通透，做人就要战胜自己，超越自

己，努力奋斗。

在校学生：李东

6.张院长，您发来的信息内容，我一定谨记您的教诲，一定不会让您失望，做一名合格的学生！

在校学生：张元君

7.感恩的心，感谢命运。感谢您长期用信息给我们的教诲。那一条条的短信犹如心灵的鸡汤，用知识去武装自己，做一个行得正、坐得端的人。值此感恩节来临之际，送去我对您最真诚的祝愿，祝您身体健康，万事如意。

在校学生：张燎

8.张院长，您说得非常对，无论做人做事，都要脚踏实地，努力奋斗，我一定做好。

内蒙学生：谷月

9.张院长，您的灿烂微笑长留我心中，您的亲切话语永伴我左右，您的真诚帮助温暖我心房，在这感恩节到来之际，在此真心向您说声谢谢。

湖南学生：冯福坤

10.张院长说得对，我觉得南理学院用短信继续教育我们的方式很好。命运要掌握在自己手中，要战胜自己，激流勇进。您每天早晨发来的短信，就是我的起床号，催人奋进！

教育部学生：郭贺丹

11.张院长您说得对，凡是都要细心，做任何事情都要严谨认真。

天津学生：唐灿

12.张书记，感谢您转发的毛泽东等伟人的豪言壮语，我一定牢记伟人的名言，以此来激励自己，努力奋斗。

在校学生：林彬

13.张书记，您发的这些短信文章对我们都很有用，可以增加我们的知识，调整我们的心态，真的是受益匪浅。

在校学生：戴琦

14.谢谢张书记的教诲，向老书记学习做人的道德，希望经常能收到您这样的短信，使我接受您的再教育。

江西政协学生：刘立新

15.张院长说得对，只有学习才是我们思想感情的最好纽带。我要努力做一个有知识、敢于创新的人。

新华总社首席记者学生：赵鉴

16.张书记说得好，人要有梦想，有梦想就有动力，有梦想就有希望。我会坚定自己的梦想，尽自己所能，为国家和人民做出贡献。

山西学生：田一丁

17.张院长，我已经顺利进入到励志获奖感言演讲比赛的第二轮。之前我用英汉语言结合的方式果真奏效，还是您发来的信息赠言起了作用，"无路可走的情况下，只有弱者走向失败，真正的强者，脚下都是路"。以后我会以平静心态，面对一切，再接再厉。

湖北学生：胡强

18.张书记，收到你的信息后受益匪浅，很高兴知道我们南昌理工学院正在搞本科教学评估和申办硕士教学点，这是一件大好事，那样我们南理毕业生就更加自豪了。这不仅是三万师生在拼搏，而且，像我们这些无数南理毕业生也在为之奋斗。人活一口气，树长一张皮。曾经是学校给我们"争了一口气"，给我们"送了一张皮"，我们这些南理毕业生一定会用自己的实际行动，为自己的母校发展和荣誉而"再争一口气""多长一张皮"。

我没有那么伟大，去为母校做些什么，但我一定会在解放军部队不给学校丢人，给校领导和老师丢脸，立足于本职工作，任劳任怨，兢兢业业，让领导肯定我的工作，战友支持我的工作，在别人看来我这小伙还行，为军队的建设做点实实在在的工作。

上海空军部队学生：温超东

19.张书记，你说得太对了，我们年轻大学生一定要坚持好读书、读好书、读书好的原则。在掌握知识的同时，要端正自己的道德品质和思想行为。一定牢记您的教诲。

南京学生：韩雪

20.张院长，您是一位好老师，对我们年轻人太关心了，每天早晨我都会在第一时间看到您发给我的鼓励的信息，有时未收到，我还真有点不习惯，谢谢您的关心。

在校学生：苏利鑫

21.张院长，今天天气特别冷，请您注意多添加衣服啊！我觉得，身体是革命的本钱这句话很精辟啊，我一定好好学习，好好锻炼身体，做一个德、智、体、美全面发展的青年大学生。

在校学生：杨杰宇

22.张院长，您讲得太对，我要努力做到自信、自强、自立，怀揣五大宝，去勇于面对一切挫折。您每天早晨发来的短信，就是进军号，使我勇往直前！

陕西学生：陈冀

23.真诚地感谢您，我为有您这样的良师益友而高兴。祝您全家幸福，争取有机会早日拜见您。

上海战友：封鸣伟

24.张书记,向您学习,您把余热真诚无私地奉献给南昌理工学院。祝您永远健康快乐!

南理教育同仁:于保国

25.张书记,海内存知己,天涯若比邻。你的短信真乃是"真心换真金"。太妙了。

武汉学生:孙蓉蓉

26.书记您好,您老知书达礼,为人师表,学子都会谨记教诲,我们这些同学对您老敬重如父。

宁波学生:戴引光

27.张书记,每天早上看到您的短信,给我很大的激励,不断地鼓舞我和指导我!让我的生活与工作事业更精彩!谢谢您!

湖北学生家长:陈萍

28.书记您好,早安,您老是个真、圣、伟、贤人,令我们众生敬佩,愿您有着康乐福寿的人生。

福建学生家长:陈久寿

29.张书记说得太对了,我要努力超越自己,自立自强,刻苦学习,勇于创新。

北京学生:邹其德

30.张书记，您就是真正造福于人民的人，向您学习致敬！

武汉学生：周艳群

31.谢谢张书记的教导，我会努力，按您短信教导的内容去努力学习，做一个实实在在为国家做贡献的真人。

安徽学生：庞艳艳

32.书记早安，书记是个大力王，具备各种力与度，愿您有无穷无尽的生命力，长青不老。

国际航班空乘学生：赵大伟

33.书记高见，真理确实来源于学习、观察与科学的探寻。

宜春学生：晏群

34.书记早安！谨记您的教诲！稳、静、忍、让、平、淡。

广东学生：彭麟良

35.书记您好，您的教育精神非常感人，您活到老，学到老，教育我们的毕业生到老，您是教育界的最负责任的一位老师。

上海学生：高衫

36.书记您好，早安，愿您老长春不老，为众生不懈努力，理工学院有您老，明天会更好。早晨收到您的短信，就是催我奋进的号角！

河南学生：翟文平

37.张书记，张会长，您讲得太对了，人就是要多思考，勤动脑，培养自己多种思维的能力，做一个有作为的人。祝您永远快乐！身体健康！

海南学生：陈政华

38.书记，您好，愿您身体长生不老，您是个思维专家，有您，理工学院明天更上一层楼。

井冈山学院学生：谢建刚

39.张院长，人类的进步就在于不停地思维与创新。您归纳的几条思维模式很好，我一定很好体验和实践。

中央电视台学生：黄冬

40.张书记，您好！读您每天发给我的短信确实是一种文化中的超级享受，而且是胜读十年书啊！我真心希望能收到您每天的短信。

战友：李进华（湖北广电）

41.您转发莫言母亲的朴素而又宽容的讲话让人享用终身和感动终生。我一定按张书记的教导，做一个既朴素无华又宽容待人之人。

南理留校学生：王小莉

42.张院长，莫言母亲的胸怀，宽广大度，包容打过她的人，确实伟大，值得我们大家学习，以此去面对挫折。

广西学生：曹文

43.张书记：您的信息对我们年轻人教育太深，我过去一碰困难就有退缩的想法！我一定听您的教诲，坚强使人奋进，坚持使人成功。

在校学生：陈槿

44.书记早安，您好，有坚强的您，才有坚韧不拔、蒸蒸日上的南昌理工学院。您的短信比校园的钟声还早，使我早起读书奋进！

在校学生：黄冬冬

45.张书记，莫言的妈妈的故事既平凡又伟大。您发来的信息我都认真看了。做人确实要这样，我会踏踏实实做人，好好学习。今天是平安夜，记得吃苹果啊！

北京最高法院学生：杨光

46.张书记，感谢您发来的短信！这能激励我上进，完善我的人格。您发来的信息，都是很优秀的教材文章。谢谢！

南昌学生：王焕

47.张会长、张书记，长期以来，您给我发了不少很有教益的短信，是我人生的助力器。人的伟大在于善良和进取，我从你的短信中认真学习，并从中寻找自己的不足加以改正。

江苏学生：陈三宝

48.书记，您发的信息，可谓是情感天地，情温人心，是学子们学习的好教材，您是值得我们崇敬的好书记。

西藏学生：扎西措姆

49.老领导，今天收到您的信息，字里行间句句精辟，您真乃是情义之辈。

南京战友：韩杰华

50.书记早安，您是个壮志凌云、老当益壮、义纵云天的人，在下敬佩。党的十八大后，新华社的第一篇文章就是要求干部第一要有学识，第二要有见识，第三要有胆识。

南里留校学生：于玲

51.导师张书记，您好！感恩您的信息给我的帮助与教诲！祝您春节快乐！阖家安康幸福！！

深圳学生：程莹莹

52.张书记，您的教诲正确，在新的2013年，我一定要有新气象、新姿态，我要更加努力地去珍惜每一天，做一名智者、学者、强者、富者、美者、善者，认真学习，天天向上。

山西学生：李富华

53.尊敬的张书记，又是一年，虽然我们年轮与实践赛跑，但是心离起跑线不远，您心永远是年轻的，祝您身体健康，永远快乐，我一直在很好地学习您发的每一条信息。

江西法制报社记者：罗娜

54.张书记，祝你新年好，相继收到你125条短信，都充满着人生哲理和情怀，令人敬佩和感慨，祝你哲思永流。

南昌大学教授：魏奇

55.谢谢张书记，您的短信教诲是精神粮食，我一定好好学习消化，谨记在心。

宜昌教育同仁：诚燕燕

56.太感谢张书记，我一定牢记您的短信教导，每天看您的信息已经成了习惯，您的短信定是我每天工作的精神动力和文化鼓舞。

宜昌学生家长：张军

57.书记您好，您的精神值得我们年轻人学习。真可以这样讲：生命中有您，感觉幸福；回忆中有您，感觉美好；旅途中有您，感觉充实；失落中有您，感觉坚强；沉默中有您，感觉欣然；人群中有您，感觉快乐！我一定要听您讲的，人要有感恩之心，常念恩情之人，不求多大回报，但求内心无悔！

南理留校学生：杨兴玉

58.张书记，您用生命的火炬，为我们学生的人生开道，您用赤诚的大爱，为我们的迷惘护航。您的自豪是桃李芬芳，您的使命是支起民族的脊梁！！

南理留校学生：苏留明

59.张院长，人之相敬，敬于法！人之相交，交于情！人之相随，随于义！人之相信，信于诚！人之相处，处于心！多变的是节气，不变的永远是真情！五一劳动节快乐！万事如意！

学生家长：裴殿元

60.尊敬的张院长，您长期给我们这些晚辈发的短信充满了国学知识，我一定好好学习、领悟做人的道理，勤奋工作，把自己的家治好，做一个合格的国民。

南大任教的学生：梅童

二十华诞喜迎临
南理教工爱校情

国之大计

大同文化马列源，共产主义胜利根。

民主法制复兴路，生态文明新旅程。

学习强国引路旗，知识创新始遵循。

务实求真必由路，民富国强为人民。

2018年10月22日

因果关系

文化是建党之根，学习是兴党之基。

民生是建党之本，知识是兴党之源。

理想是建党之魂，创新是兴党之旗。

务实是建党之路，民富是兴党之果。

2018年11月8日

寄心语

心中有梦多芬芳，何必伤感想当年。

勿言白发我已老，海纳百川溪多长。

种豆南山看陶公，严子垂钓云水乡。

我愿偏居阅读书，远客近邻话衷肠。

2018年11月10日

忆往昔

五九煤车去东北，

闷罐草铺别样景。

一路行程皆灾情，

树皮当食品。

经河南，

到丰台，

山海关，

继续前行。

到达吉林，

航校苦练。

2018年11月25日

生日感怀

九九同心创航天，

科学发展始探寻。

军魂育人写新篇，

南理可见证。

硕博梦，

要攀登；

兴国学，

教育之魂。

宏图夙愿，

举旗奋进。

2018年11月26日

追求

生命真可贵，道德价更高；

青春无限美，两者不可抛。

2018年12月10日

游三清山

晚辈陪游三清山，夙愿对现心飞扬；

奇特景色观不尽，云涛美梦何需藏。

茫茫雾海急翻腾，忽见古松似黄山；

祖国山河真秀美，老翁怎不情激昂。

2018年12月16日

登三清山

古稀已过不倒翁，三清山上觅险踪，

千里云涛绕碧岭，风浪之中露青峰；

我若展翅越仙境，蓬莱浩渺视野涌，

人间沧桑几变度，军营校园在眼中。

2018年12月16日

五千年文化耀中华

精心阅读辉煌史，圣贤暴君皆认清；

华夏子孙复兴梦，祖辈智慧书中寻。

2019年1月26日

观珠港澳大桥

新春出游珠港澳，子孙陪同二老行；

乘机珠海跨大桥，三地相连壮我生。

2019年2月12日于江门市

往日的记忆

粤省务军好多年，社情民意记在心；

今非昔比真动人，灿烂美景照前程。

2019年2月13日于广州

四十年的回忆

七九三一组教团，战略转移写新章；

群英汇集谁领头，小林秀英和李洋。

四十年前怎能忘，历历在目记心间；

人生岁月真易去，唯有战友情更长。

2019年3月1日

组建部队

武勇云同去闽城，组团军教新使命；

定址药都新基山，七年培养机务人。

2019年3月1日

感怀

醉梦晚霞夕阳景，八十华诞似少年；

军旅教坛为国需，拙作几册尽我心。

为官无趣情甘愿，皆因世浊难同行；

平身不求身外名，遨游书海活神仙。

2019年3月4日

校宴有感

新春起航受请邀，书匠老友都来到；

举杯畅饮南理酒，二十华诞使人骄。

万物生长水是优，公民读书人人求；

人到暮年心常乐，一生执教品自豪。

2019年3月5日

告未来

风云变幻世多彩，荣华富贵皆看淡；

世上瑰宝千千万，无价才是体健康。

遨游书海心坦荡，精心思维写文章；

留下拙作不为名，文化一定告未来。

2019年3月6日

十勿善德身

名利勿钻，便宜勿占，

私事勿念，闲气勿生，

迁事勿怒，烟草勿吸，

饮酒勿过，饮食勿暴，

吃饭勿语，起床勿急。

2019年3月7日

女神节

人间伟大唯母爱，养育人间每一位；

儿去远方创大业，人人都在母胸怀。

2019年3月8日

十三不为修身

食不过饱，饱不急卧，

饿不洗澡，汗不冲凉，

床不可贪，春不露脐，

夏不睡石，秋不睡板，

冬不蒙头，劳不过度，

耳不忘揉，脚不忘泡。

2019年3月10日

做人的心怀

以钱财为草，以身体为宝；

胸怀要宽广，心理要坦荡；

饮食有节制，起居有定时；

学习要自觉，做人要守德。

2019年3月11日

十常养身

男常吃韭，女常吃藕，

发常梳理，耳常搓揉，

手常按摩，身常蹬起，

有空常学，养心常静，

无求常安，知足常乐。

2019年3月12日

观赣江风云有感

风雨欲来无需愁，破解机遇方可求；

船开之时不等客，有志不在岸边留。

2019年3月15日

2019年3月25日至2019年3月27日

国家篇：

一、富强

富强自古靠拼搏，上天从不掉馅饼；

家富国强同携手，自立世界民族林。

二、民主

民主核心是人民，国民追求心中存；

要想兴国同担事，惠风和畅齐向前。

三、文明

文明礼让中华魂，不可随意失古风；

扫除人间众怪景，还我华夏洁净身。

四、和谐

和谐牵手学先贤，同心纵马喜扬鞭；

齐心共筑强国梦，高奏欢歌写新篇。

社会篇：

五、自由

自由本是人生求，长空展翅无需愁；

遵章守纪皆有序，一展和谐正气留。

六、平等

平等出自公心佑，尊人尊己两都有；

推翻封建不平等，凡是生命都需求。

七、公正

公正大义映苍穹，扫除欺凌遍地红；

全民乐助胸怀广，人间正道是沧桑。

八、法治

法治求真无徘徊，毁法违规乱必回；

遵纪守法全民责，社会正气一定归。

公民篇：

九、爱国

爱国情怀意更切，天地可鉴肝胆照；

家国天下齐忠诚，长歌一颂慰中华。

十、敬业

敬业之品人皆有，求真务实苦埋头；

顽强朴实勤为径，一生只为兴国忧。

十一、诚信

诚信做人敞心扉，真诚交往人格贵；

去掉猜疑无隔阂，与人相处尽朝晖。

十二、友善

友善待人真君子，善恶报应会有时；

海纳百川人敬之，从善处事不可移。

宽容坦荡心

做人要大度，宽容是圣人；

坦荡真君子，怨恨匪自身；

常赞别人好，快乐自心情；

处事不容易，理解才是真。

2019年3月28日

八新为要

新时代，迈上复兴的新坦途，

新使命，设计圆梦的新蓝图，

新思想，构建强国的新思维，

新征程，建设和谐的新家园。

2019年3月29日

赞梅竹松草

小草劲风美生态，松柏长青使人爱；

竹群亮节真高雅，梅花香自苦寒来。

2019年4月1日

清明吟

天长地久万物生，悠悠情肠思清明；

人间常有悲欢事，心底有念向天吟。

长生不老何需求，有生有死人皆临；

追思先辈好人品，祈福青年要传承。

2019年4月2日

回家

飘荡六十年，梦里回乡急；

老家在何处，遍地新楼立。

2019年4月3日

天下母亲的楷模

——十八年的岁月母亲留给我的记忆

生育七子娘荣光，贤妻良母张家旺；

优秀儿媳孝婆婆，孝敬公公名声扬。

婆媳关系是榜样，奶奶带孙满堂欢；

邻居友好肯助人，出嫁女儿化妆娘。

2019年4月4日

先辈有恩永牢记

祖父叫我读书学文化，装香点蜡跪拜孔圣人；

祖母教我从善读佛经，自觉修炼一心为他人；

父亲叫我勤劳能吃苦，做个早出晚归勤劳人；

母亲教我做人有德行，真心交往诚意待众人；

伯父教我自强要奋进，一生在外自觉为别人。

2019年4月4日

清明踏青

清明故里踏青游，放眼田园兴趣浓；

群鸟争鸣歌盛世，遍地麦浪闹春风；

水稻秧苗一片青，万树桃花映日红；

农村发展好蓝图，丰收已在预料中。

2019年4月4日

回家乡扫墓

驱车到家乡，天马行空人；

转业一心办教育，往事系心间。

清明去扫墓，表达我心意；

古稀重振精气神，永记祖辈恩。

2019年4月4日

宗亲宴请

张翔开车故乡行，通城讨饭旧地厅；

步入新村闻鸟语，站在桥边留个影。

感恩乡亲送关爱，桥市宗亲共宴请；

长江流水能作墨，难书游子故乡情。

2019年4月4日

忆伟人毛泽东

开天辟地真英雄，

功昭日月贯长虹，

雄才大略献人民，

太阳永不落。

兴我党，

创红军，

建共和。

人民领袖，

革命之父。

2019年4月5日

赞伟人毛泽东

远见卓识创伟业，

盖世无双真英雄；

打遍天下无敌手，

无往而不胜。

能文治，

有武功，

战必胜。

不朽图腾，

民族英雄。

2019年4.月5日

学伟人毛泽东

一身廉洁为人民，

浩然正气闹革命；

翻阅华夏五千年，

杰出真伟人。

论人格，

著诗文，

写书法，

魅力无穷，

人间楷模。

2019年4月5日

南理校训内涵

科学管理有特色，

务实求真才美丽，

厚德必定载万物，

创新定获好神奇。

2019年4月6日

乐中乐

知足常乐，助人为乐，自得其乐，

读书真乐，交友互乐，长聚共乐，

旅游找乐，诲人最乐，奉献求乐。

2019年4月7日

小时候的记忆

西洋湖中躲日军，父背小儿携娘亲；

晚上进入防空洞，冒险回家取镯钏。

水患逃难到通城，母子讨米被犬侵；

父亲挑夫娘织衣，我成砍柴小郎君。

大水放浪成汪洋，避难来到杨岭山；

人瘟遍地逃湖南，打石度日皮肤痒。

五四洪水再进犯，父驾渔船我撒网；

本应读书又误时，天佑五九把兵当。

回想当年多少事，面对人生几多难；

感恩父母养育恩，国强民富人才安。

2019年4月7日

怀旧游

马儿湖堤去观景，油菜金花鸟成群；

上涨清河成历史，驾船钓鱼也难寻。

张氏祠堂一块碑，往日书声脑中回；

因果寺中供大佛，五九参军上征程。

2019年4月7日

南理十大特色咏

军企投资办南理，人格高尚聚英才，

汇聚名师铸校魂，弘扬军魂育人才，

狠抓党建保稳定，精心科研促发展，

人才市场是学科，特色职教创品牌，

常态督学提质量，宣讲国学传文明。

2019年4月8日

学习强校南理行

邱杨兴教创航天，天随人愿事业成；

航天科教结硕果，兴我中华一面旗。

海纳百川真神奇，人才济济满堂春；

惠风和畅人缘好，和谐校园好美丽。

科学管理要务实，军魂育人创奇迹；

学习强校志在前，精益求精永不息。

教育无限再攀登，硕博获批大学名；

一切成功唯奋斗，复兴中华美前程。

2019年4月9日

快乐仙

嘴如春雨甜，脸若秋枣鲜；

夕阳能相拥，人间快乐仙。

2019年4月10日

感悟

斗转星移七九秋，卫国从军志已酬；

名誉得失身外物，转业执教无他求；

儿孙皆有儿孙福，身体健康寿为首；

吟诗作赋寻点乐，晚景逍遥书海游。

2019年4月10日

相约

解甲选择到洪城，丹心长存育新人；

创建民校多艰辛，感恩谢老王保田。

今日有幸回故里，群族聚集叙旧情；

把酒言欢众人乐，相约豫章再向前。

2019年4月11日

心慰

当年投笔去军营，

同为雷锋人；

转业从教摆阵，

白手苦中行！

龙务军，

翔执教，

孙辈学；

三代携手，

学习强国，

喜有传承。

2019年4月12日

洪翔园春意浓

鸟语催我醒，花香任人醉；

遍地青草艳，樟树换新颜。

2019年4月13日

晚景从容

一日三餐我当厨，督学听课都不误；

看书写作心意好，早睡早起几多舒。

迎校庆感怀

九九五月创航天，

日夜在兼程！

如今华夏传遍，

南理有盛名！

二十年，

在奋进，

写忠诚！

校友群雄，

傲立枝头，

慰我夙愿！

2019年4月16日

学不倦

当年投笔到军营，

一心为人民！

早也解甲从教，

总恋战友情。

人虽老，

志未酬，

学不倦；

心态年轻，

岁月不老，

把酒言欢！

2019年4月18日

春游赣江文化走廊

茫茫江面浩瀚景，对岸古阁入眼帘；

沙滩遍地野花艳，秋水广场有新篇。

两猫驻守在桥头，南昌桥上车如流；

怡园隧道两岸连，江边垂柳风飘摇。

赣江揽胜无限美，文化长廊聚古圣；

红谷滩赋好诗文，静心垂钓逍遥群。

先哲崇光辉煌史，人杰地灵八一魂。

江湖历史壮中华，还有巅峰井冈人。

2019年4月19日

谷雨

杨花柳絮春已暮，谷雨播种怎能误；

又是一年别春时，迎得夏天热浪舞。

2019年4月20日

伟大祖国在前行

暖饱岁月挥手去，减肥爱美成时趋；

有房有车家常事，旅游景观人多挤；

全民医保已有期，义务教育早普及；

一带一路国运好，外汇储备世第一。

2019年4月21日

养生十大良方

乐观常笑营养素，补身祛病有后劲；

自信话疗特效药，增强身体抵抗力；

广交朋友不老丹，携手同乐永年轻；

宽容待人调节器，心理平衡无忧虑；

淡泊名利免疫剂，扫除杂念做正人；

知足常乐开心果，人生愉悦总是春；

随遇而安长白参，壮阳补阴体强健；

读书学习大智慧，看清人生大舞台；

仁慈善良是福根，因果报应会有期；

奉献社会有回报，天人合一成自然。

2019年4月22日

海军节我骄傲

七十年前四二三，人民海军始扬帆；

向海图强筑梦想，艰难起步几多难。

经历战争苦难史，炎黄子孙盼和平；

海疆安宁国之本，海上之路勇向前。

屈辱海史已翻过，远征大洋号角响；

乘风破浪壮中华，五星红旗永飘扬。

南海造岛显国威，各类舰艇编成队，

护航常态世人赞，海上长城使人醉。

2019年4月23日

做个健康幸福的人

境界高雅的贤人，追求周到极致的境界；

敬重自然的顺人，做到宽厚顺从的品行；

宁静致远的达人，遇事坦荡豁达的素质；

有情有智的德人，凡事坚守道德的行为；

中正不阿的真人，处事耿直求真的能力；

天人合一的哲人，办事敬重哲理的学识；

品德高尚的道人，构思严于循道的修养；

敢于创新的神人，成为超前神明的水平；

勤奋学习的智人，达到谦让明智的高度；

群众拥戴的圣人，登上纯正至圣的顶峰。

2019年4月24日

美丽神奇的南理特色

军企投资办教育，科学发展始遵循；

展示人格聚人才，汇聚精英在校园；

军魂育人新理念，培养优秀接班人；

广请名师铸校魂，美丽神奇华夏传；

精心科研促发展，产学教研同步行；

市场需求定学科，教育创新勤为径；

突显职教创品牌，培养实干工匠人；

严抓党建保稳定，和谐校园才扎根；

督学常态提质量，教书育人是根本；

宣讲国学传文明，弘扬文化国之魂。

2019年4月25日

听思政大课有感

劳动创造美好，劳动创造幸福，

劳动创造未来，劳动创造伟大，

人类进步属于她。

理想追求美好，理想追求幸福，

理想追求未来，理想追求伟大，

勇往直前人皆夸。

教育培育美好，教育培育幸福，

教育培育未来，教育培育伟大，

国民素质群英花。

读书探寻美好，读书探寻幸福，

读书探寻未来，读书探寻伟大，

一切知识书中找。

青年引领美好，青年引领幸福，

青年引领未来，青年引领伟大，

祖国前程都靠他。

文明传承美好，文明传承幸福，

文明传承未来，文明传承伟大，

文明永远不会垮。

2019年4月26日

庆祝五一劳动节

五一劳动佳节到，绿树枝头闻啼鸟；

蓝天一片彩云飘，花儿朵朵枝头俏；

劳动健身创财富，劳动人家幸福到；

劳动光荣还伟大，劳动万岁真美好。

2019年5月2日

认知赣江长廊文化

棂星门前多思虑，礼门义路皆遵循；

社会多姿要把握，智水仁山天理定；

穷理居敬是常理，诗书万卷圣贤心；

做人做事讲道德，日月两轮天地明。

2019年5月2日

沁园春

——五一假游赣江文化长廊

春光明媚，踏青游玩，步旅赣江。沁园路两旁，绿树成荫，黄鹂戏舞，展翅啼鸣。来到江边，翠柳拜迎，茫茫江水往上瀛。

棂星门，叙礼门义路，水智山仁。穷理居敬长廊，会圣贤，思虑悟万卷。落霞看群鹜，春水长天，情思王勃，怀旧当年。展望江景，心潮翻腾，晚霞壮丽有豪情。观朝阳，万物皆自然，天理心明。

2019年5月3日

南理的辉煌历程

办学乃是千秋业，邱杨崇教聚英才；

九九五月创航天，专修学院为校名；

两千年初转学历，军魂育人始推行；

办学三年升大专，远程本科同进程；

五年教学批本科，职业教育摆在前；

学位评定皆通过，接着还办硕士点；

本科教学搞评估，各项合格升二本；

发展过程有瓶颈，党建到位保稳定；

督学评教成常态，提升教学新水平；

教育强国中国梦，传承国学永向前。

2019年5月4日

五四爱国运动100年庆

爱国反帝反封建，五四怒潮火山喷；

外争国权齐上阵，汉奸国贼要严惩。

宁为玉碎卫祖国，勿以瓦全留骂名；

中华儿女同携手，千秋伟业事竟成。

要圆美梦人敢当，长征路上再抗争；

迈步跨上报国路，壮我国威写新篇。

2019年5月4日

珍惜退休后的岁月

人生岁月是有限，不可仅做玩乐人；

退休正当丰收期，抓紧为国尽点情；

春华正茂多摩擦，退休无忧展才华；

一心只圆中国梦，放开手脚向前跨。

忆秦娥

　　——南理校友会换届有感

校友会，首选学习方向对。

要抱团，构建和谐，创造伟业，

于国于己都有为。

推动发展携手追，永向前，

民富国强，南理生辉。

2019年5月2日

满江红

南理学府，二十春秋谱传奇。

刚起步，科学构思，军魂育人。

陈至立部长夸赞，美丽神奇传大地。

三年统专五年升本，飞速急。

回头看，多少事，发展快，真不易。

已迈七大步，还争朝夕。

教育强国是大局，广大国民期盼急。

以教育推动新时代，不能息。

2019年5月14日

蝶恋花

　　——南理教职人员爱校情

南理英雄东风吹，

二十春秋，一马率先追，

科学发展校园美，

军魂育人使人醉！

执教报国我心慰，

此生当歌，兴教显国威。

一切付出终不悔，

奉献何必怕憔悴。

2019年5月15日

念奴娇

二十华诞，喜迎临，

此时此景此情，校友谁都盼校庆！

奋进社会创业，心携南理，梦游航天，

师生情谊深。

无论何时，校训八字在心！

处事科学务实，厚德创新，

拼搏且能行。

路漫漫其修远兮，

学习强己人生。

厚望学子，志壮气豪，

迈入新时代，

再造辉煌，母校几多骄傲。

2019年5月15日

采桑子

——南理师生同收获

课堂深静几多情，

青春满园，学海探寻。

喜看樱桃挂枝头，

醉我人生慰我心。

教学相长，师生情深，

群鹰齐飞勇向前。

2019年5月16日

沁园春

——南理办学十大特色再向前

谁使南理，入青史，成就伟业？

改革大势趋，科学发展，全民创业，求学火热。

邱杨爱教，军企办学从头越。

聚名师，强根又固本，实力联结。

军魂理念育人，独生子女成关键。

学科创新好，精心科研。

职教工匠，高于蓝天。

党建核心，营造和谐，才能彰显党的路线。

常督学，国学宣讲好，举旗再鏖战！

2019年5月16日

诉衷情

——南理二十年校庆会场感言

高朋满座歌声扬，校友已到场！

办学二十岁月，真心实意在干。

思往事，心飞扬，不能忘。

教育无限，路程茫茫，举旗再战。

2019年5月16日

长相思

　　——二十校庆有感

校草帅，校花美。

学子汇集南理醉。

二十华诞会。

想当初，起步难。

日夜兼程在实干。

何曾怕胆寒。

2019年5月17日

后　记

服务南理，晚霞从容

报笔从戎，航校苦练，伴鹰一十九年；

调往福空，筑卫城下，机务军教七年；

八五转业，创建民校，苦干一十五年；

退休受聘，首选航天，皆因爱教情缘；

行政党务，督学评教，立志不忘初心；

二六军旅，三五教堂，学习相伴至今；

回首晚昔，历历在目，绽放几多兴奋；

九九年初，携手商定，创办航天学院；

专家评审，四大论点，推动省府批文；

首届典礼，主旨讲演，提出科学发展；

南院奠基，鞭炮齐鸣，美丽校园诞生；

办学建党，书记小林，邀请讲话坐镇；

创造思维，传播校园，打造发展理念；

学历文凭，申办批准，全校师生欢兴；

高级顾问，常务副院，日夜都在校园；

军魂育人，力排众议，从此铸为校魂；

军训教官，自主培训，超过现役军人；

南昌航天，集团书记，下文批准任命；

九江会议，大会发言，主讲产学教研；

社办党委，选为委员，学院书记兼任；

二林赴京，考察北大，启迪图书建馆；

升格大专，京承莅临，南院授旗庆典；

美丽神奇，很有特色，至立部长见证；

冲击敏感，媒体宣传，轰动华夏国民；

写成论文，高教报道，评获理论创新；

知识创新，才是力量，极力赞同推广；

五年高职，扩大规模，依据实情招生；

生存发展，生源关键，奔走赣南宣传；

教学质量，督学推进，定期教学讲评；

四会两节，师生共建，打造文化校园；

执行党章，冲破瓶颈，不以比例受限。

国家教委，发出邀请，考察西欧随团；

西方生态，科技发达，缺少亲和机灵；

德国博导，精心对话，传播中华文明。

北院扩建，省长到场，新建校区展现；

共青选址，再建分院，奠基主持开建；

发展党员，保证质量，每届上课培训；

哈工北航，联办本科，夫人陪我同行；

聘请贤瑜，名师掌舵，让出书记重任；

建创校网，联通师生，留下和谐脚印；

诚信招生，建立规章，招生团队培训；

毕业教育，就业实训，敢蹚大潮前行；

共青校区，补助不公，平息学生动乱；

省府批准，人民武装，第一部长我任；

宣讲军魂，国防教育，储备战时精英；

发展兴旺，排除网攻，敢于登门理论；

学院行政，院系处室，月月总结点评；

五年帮困，资助学生，让其学业完成；

校史校情，校园文化，定期报告传承；

经费管理，每季通报，保障收支平衡；

自招本科，学历未定，全力保障稳定；

七大特色，论文获奖，壮我航天校魂。

南理校名，智慧结晶，名正根深必盛；

升本待批，拜访专家，二老六省登门；

学科创新，紧跟需求，冲破发展瓶颈；

青马工程，精心培养，宣讲党魂育人。

赴美考察，带领同仁，诚心求索为本；

对美观感，发达是真，赌色流浪横行。

英雄校区，首任院长，主管两万师生；

红歌大会，我当主持，全省高校领军；

香港会议，国际交流，广结教育同仁；

温州家访，沟通社会，只为校园稳定；

宣讲儒学，孔孟圣人，展示中华文明；

远赴哈工，拜请院士，子才科技领军；

走遍江汉，基地挂牌，广开生源大门；

五峰才芳，春华母校，携手培育精英；

参观三峡，人类奇迹，从此水患除根；

到访西藏，走访校友，扎西措姆颁证；

布达拉宫，文成公主，移栽杨柳成荫；

麦克玛洪，划我国土，留下历史仇恨；

莫河奇观，龙江宝岛，五大连池壮观；

国防基地，民办率先，省府绶带挂身；

远程教学，南宁会议，南昌理工排前。

考察越南，下龙驾船，只为中越情深；

驱法抗美，中越抱团，友谊关上重现。

聘请寿根，台海空战，启用英雄育人；

倡导职教，兴我中华，北京大会宣传；

省教组团，领队巡查，四所大学督检；

十年校庆，校草校花，从此校友情深；

校友总会，执行总管，政府批准组建；

民办思政，成立机构，选为协会主任；

井冈之星，精心培养，中华优秀国民；

走访南阳，南水北调，润泽华北生灵；

五大建议，报告春华，解决学生公平；

省厅评审，共青校区，待批独立学院；

共青科技，全国唯一，启用独特校名；

新疆会议，表彰南理，评获安全校园；

阿尔泰山，王母瑶池，登艇与孙观景；

石河大街，人鸽同乐，展示现代意境；

天山雪水，坎儿流淌，造福吐鲁番人；

发送短信，四年不断，务实创新旅程；

理想建党，学习兴党，撰写建党论文；

亲赴内蒙，拜访家长，只为南理真诚；

呼伦贝尔，辽阔草原，祖国江山壮观；

江浙调研，写出新政，期待教工公平；

北京会议，三次鼓呼，宣讲抱团发展；

江西社工，任职编委，借此广开言论；

拜访朱虹，三人合影，汇报南理校情。

到访韩国，三八线上，缅怀英烈悼念；

走遍日本，精细管理，跨进稻田取经。

三赴海科，邀请讲学，传播南理校情；

通用航空，上海会议，论文推动发展；

四年暑假，招生接待，畅谈南理远景；

领导明示，缩小校区，办学追求精端；

卖掉南院，买家贪心，南理遭受诬陷；

执法不准，秀英领班，胆大心细主政；

拜呈朱虹，还人清白，敢讲真实隐情；

发展党员，讲好党课，坚持一十二年；

会议中心，宣讲国学，大力弘扬国魂；

十大特色，入学教育，读懂南理人文；

督学常态，坚持五年，三项评教育人；

南开听课，拜访立清，诚心取得真经；

走向社会，宣讲国学，传承中华文明；

同田筹建，航空学院，两年多方沟联；

七圣五论，生命价值，认真学习探寻。

新余科技，督学听课，传播南理校情；

河北山东，成立分会，推动校友抱团；

教育无限，处事箴言，率众传承公平；

一枝一叶，军营校园，记忆永存在心；

宣讲《易经》，树德立人，只为修身养性；

民营党建，敢蹚白区，坚守特色信念；

微言简语，师生连心，携手阔步向前；

各类课件，装订成册，校园文化经典；

国学国防，党史党建，南理文明展现；

小林秀英，共创南理，付出几多艰辛；

二十华诞，智勇攀登，南理美梦定圆；

读书写作，学习不变，自我提升先行；

生命不息，日夜兼程，诗书传承文明；

夕阳高照，晚霞从容，军魂精神永存。

张云林

2019年5月20日